中国税法：回顾与展望

（2015—2016）

王冬生　马雯丽　著

商务印书馆
2016年·北京

图书在版编目(CIP)数据

中国税法:回顾与展望:2015～2016/王冬生,马雯丽著.—北京:商务印书馆,2016
ISBN 978-7-100-12221-4

Ⅰ.①中… Ⅱ.①王…②马… Ⅲ.①税法－研究－中国 Ⅳ.①D922.220.4

中国版本图书馆 CIP 数据核字(2016)第 100798 号

所有权利保留。
未经许可,不得以任何方式使用。

中国税法:回顾与展望
(2015—2016)
王冬生 马雯丽 著

商 务 印 书 馆 出 版
(北京王府井大街36号 邮政编码100710)
商 务 印 书 馆 发 行
北京市艺辉印刷有限公司印刷
ISBN 978-7-100-12221-4

| 2016年6月第1版 | 开本 787×960 1/16 |
| 2016年6月北京第1次印刷 | 印张 16 |

定价:36.00元

前　言

对纳税人而言，纳税不是简单地履行纳税义务，而是直接影响其经营成果、重大决策和战略安排，也是经营风险的重要来源。对执法部门而言，依法行政，依法征税，既是规避执法风险的需要，也是维护税法尊严、尊重纳税人权利的需要。征纳双方都需要及时学习税收法规，准确理解法规的规定，全面了解变化的过程，深刻认识有关的背景，最终做到灵活应用法规，避免涉税风险。由于税法的专业性较强，需要专业人士深入浅出地解读。

《中国税法：回顾与展望（2015—2016）》的目的，就是试图帮助读者对2015年的税收法规，有个准确、全面、深刻的认识。本书所收文章，都是作者在有关法规公布后，第一时间做出的解读。这些解读文章最初都是发表在威科集团的网站上。威科集团是国际知名的提供法规服务的专业机构，其每年都将这类文章编辑成册，已经编辑过《中国税法：回顾与展望（2012—2013）》、《中国税法：回顾与展望（2013—2014）》、《中国税法：回顾与展望（2014—2015）》。威科集团与商务印书馆是合作伙伴，对2015年税收法规的解读，由商务印书馆第一次正式出版，以后计划每年出版一本，形成《中国税法：回顾与展望》年度系列，既帮助读者正确理解税法、运用税法，也期能起到记录中国税法进步历程的作用。

税收法规分为政策性法规和征管性法规，凡是影响应纳税额的法规，一般是政策性法规，由财政部和国家税务总局联合以财税文件下发；凡是不影响税额，只是规定征管过程中的有关事项，一般

前言

是征管性法规，由国家税务总局以税务总局公告等形式下发。这些税收法规，按照目的，可以分为以下几类：

一是配合经济社会发展需要的法规。税收是政府宏观调控的重要手段，为配合不同时期经济社会发展的需要，财税部门不断制定各种法规，落实国务院有关规定精神，支持经济社会发展，如加速折旧法规、小微企业法规、促进环境保护和资源节约的法规、消除国家间重复征税的法规等。

二是满足财政收入需要的法规。税收最基本的职能是筹集财政收入，完成国家预算，满足支出需要。有些法规的目的，尤其是与消费税有关的法规，主要是为了增加财政收入。与国际税收管理有关的法规，特别是反避税的法规，主要目的也是通过防止税基侵蚀，维护国家权益，保证财政收入。

三是完善税收征管需要的法规。税务总局下发的各种文件，许多是为了堵塞税收征管漏洞，防止纳税人通过各种方式逃避纳税义务；也有许多是为了方便纳税人，以简政放权为目的。

税法是法律体系的重要组成部分，依法治税是依法治国的重要内容。纳税直接影响纳税人的经济利益和经济权利，依法治税还是落实宪法有关规定的重要体现。《中华人民共和国宪法》第13条规定："公民的合法的私有财产不受侵犯。国家依照法律规定保护公民的私有财产权和继承权。"第56条规定："中华人民共和国公民有依照法律纳税的义务。"严格落实宪法的规定，纳税人需要依法纳税，有纳税的义务，也可以依法不纳税，有依法不纳税的权利。所以，依法纳税既是公民的义务，也是公民的权利。从税务局、海关等执法部门的角度看，有依法征税的权力，也有保障纳税人依法不纳税的义务。依法不征税，保护纳税人的财产权，是依法治税必不可少的内容。纳税人依法纳税，与税务局、海关等税收执法部门依法征税一样，

前 言

构成依法治税的重要内容和重要基础。纳税人依法纳税,执法部门依法征税,征纳双方就可在共同遵循税法的基础上,形成一种和谐的征纳关系。因此,无论是纳税人还是执法机关,在遵循税法,规避各自风险,创造价值的同时,也是在通过自己的行动,为推进依法治国做出各自绵薄的贡献。

本书所收文章,大多数由我撰写,部分篇章由马雯丽负责撰写。在20多年的涉税工作中,越来越喜欢这项有意思、有意义、有市场、有朋友的工作,享受工作带来的乐趣、成就和职业尊严。威科集团的傅佩佩、陆桂鑫、王欣老师,商务印书馆的王兰萍编审、金莹莹老师为本书的顺利出版做出了巨大努力,没有她们的付出,就没有本书的出版,在此表示衷心的谢意。

王冬生

2016年1月23日

目　　录

企业所得税

1. 资产（股权）划转企业所得税：规定、问题、运用　　/3
　　——国家税务总局2015第40号公告解读
2. 重组的企业所得税：新程序与新政策　　/16
　　——国家税务总局2015年第48号公告解读
3. 资产评估增值　国有企业改制上市可享优惠　　/43
4. 工薪扣除又调整　利空利好各不同　　/49
　　——国家税务总局2015年第34号公告解读
5. 研发加计政策调整　利好利空各不相同　　/54
6. 技术转让所得优惠放宽　非独占许可能享减免　　/60
7. 境外分行境内利息：支付方不扣税　总机构不重征　　/68
　　——国家税务总局2015年第47号公告解读

个人所得税

8. 个人非货币资产投资所得税：政策与征管　守法与用法　　/77
9. 转增股本的个人所得税：征不征？如何征？　　/83

10. 购买商业健康保险　个税之前如何扣除　　　　　　　　　　　　/ 89

流转税

11. 认定为一般纳税人之前的进项税：有条件抵扣　　　　　　　　/ 95
12. 营改增又出利好　零税率范围扩大　　　　　　　　　　　　　/ 103
13. 债券资金可享统借统还优惠　差额征税合法有效凭证扩围　　　/ 109

资源税

14. 煤炭资源税：征收问题明确　征纳风险降低　　　　　　　　　/ 115
　　——国家税务总局2015年第51号公告解读

国际税收

15. 非居民享受税收协定待遇：程序简化　风险加大　　　　　　　/ 123
　　——国家税务总局2015年第60号公告解读

反避税

16. 非居民企业间接转让财产征税：范围拓宽　标准降低　　／139
17. 反避税指向支出项目　关联方费用首当其冲　　／151
    ——国家税务总局2015年第16号公告解读
18. 成本分摊更加方便　后续管理不容忽视　　／156
    ——国家税务总局2015年第45号公告解读

税收专题

19. 融资租赁的增值税和印花税问题　　／163
20. 内地香港基金互认　　／169
    ——财税［2015］125号文解读
21. 购物离境退税全国实施　　／174
    ——国家税务总局2015年第41号公告解读

征收管理

22. 税收征管改革　影响值得关注　　／183

目 录

23. 大企业自查：防范风险于未然　　　　　　　　　　　　/ 188
24. 大企业税务风险：着火、灭火、防火　　　　　　　　　/ 193
25. 税收减免管理：方式、权责、风险　　　　　　　　　　/ 197
　　——国家税务总局2015年第43号公告解读
26. 企业所得税优惠备案出台新规　享受便利莫忘防控风险　/ 205
27. 发票系统升级　红票开具简单　　　　　　　　　　　　/ 214
　　——国家税务总局2014年第73号公告解读

展　望

28. 营改增：问题、方案、影响、对策及展望　　　　　　　/ 223
29. 《特别纳税调整实施办法》（修订稿）　　　　　　　　/ 235
　　——标准更严格　规定更具体
30. 开征房产税：理论、现实、影响　　　　　　　　　　　/ 239
31. 放开二胎的税收、经济、社会影响分析　　　　　　　　/ 243

企业所得税

企业组织法

1. 资产（股权）划转企业所得税：规定、问题、运用

——国家税务总局 2015 第 40 号公告解读

企业重组过程中的所得税问题，一直是焦点，因为重组涉税金额巨大，一直也是难点，因此规定比较复杂。国家税务总局下发的《关于资产（股权）划转企业所得税征管问题的公告》（国家税务总局公告 2015 年第 40 号，以下简称 40 号公告），是对《财政部国家税务总局关于促进企业重组有关企业所得税处理问题的通知》（财税〔2014〕109 号，以下简称 109 号文）有关划转政策如何执行的进一步解释和规定。其主要内容，一是明确了资产（股权）划转的四种情况及各自的所得税处理；二是明确了征管过程中，纳税人如何执行有关政策，如果特殊重组的条件发生变化，如何补税。但是 40 号公告的有关规定，也有一些需要进一步思考的问题。

本文结合对 40 号公告的解读，分析以下内容：

一、重组、非货币资产投资、资产（股权）划转的企业所得税

二、109 号文关于资产、股权划转的规定及理解

三、四种情形之一：母公司划转子公司并获得股权支付

四、四种情形之二：母公司划转子公司无股权对价

五、四种情形之三：子公司划转母公司无对价

六、四种情形之四：兄弟公司之间无偿划转

七、如何确定 12 个月的起点

八、如何确定划转后的计税基础

九、享受划转待遇的征管措施

十、不能享受划转待遇后的补税及有关处理措施

十一、执行时间

十二、对纳税人的启示

一、重组、非货币资产投资、资产（股权）划转的企业所得税

重组、非货币资产投资、资产（股权）划转，分别有专门的文件规定，目的似乎都是要解决纳税人没有现金纳税的困难，促进企业的兼并重组，优化资源配置。但是三份文件各自解决的具体问题，不完全一样。

（一）三份文件分别解决什么问题？

关于重组的文件，主要是《财政部国家税务总局关于企业重组业务企业所得税处理若干问题的通知》（财税〔2009〕59号，以下简称59号文），主要解决以下六种重组形式的企业所得税问题：法律形式改变、债务重组、股权收购、资产收购、合并、分立。

关于非货币资产投资的文件，主要是《财政部国家税务总局关于非货币资产投资企业所得税政策问题的通知》（财税〔2014〕116号，以下简称116号文），主要解决非货币资产投资如何分期缴纳企业所得税及股权计税基础如何确定的问题。非货币资产包括股权、其他资产。

关于资产（股权）划转，主要是109号文，将股权收购、资产收购享受特殊重组的比例，由59号文的75%降低到50%，明确了股权、资产划转的所得税处理。

（二）三份文件分别明确股权、资产不同处理方式的所得税待遇

以上三份文件，都涉及股权和资产，但是解决的问题不一样。

59号文，解决股权收购、资产收购过程中，转让方和收购方的所得税问题。强调的是"有偿的"收购，股权和资产的转让方，是获得对价的，只不过不同的对价，享受不同的所得税待遇。

116号文，解决用包括股权、资产在内的非货币资产投资涉及的所得税问题，用非货币资产投资，投资人是获得股权对价的，也

是"有偿的"。

也就是说，59号文和116号文，都解决股权或资产的所有权"有偿"转让的所得税问题。

但是，股权或资产"无偿"转让，也有所得税问题，根据《企业所得税法实施条例》第25条，将资产捐赠，需要视同销售。尽管109号文，没有明确如何理解"划转"，但是一般理解就是股权或资产的无偿划转，就是白给。因为，"有偿的"所得税问题，59号文和116号文，已经解决了。

但是40号公告规定的四种划转情况，三种是"无偿的"，一种是"有偿的"。

二、109号文关于资产、股权划转的规定及理解

（一）109号文第3条的规定：关于股权、资产划转

对100%直接控制的居民企业之间，以及受同一或相同多家居民企业100%直接控制的居民企业之间按账面净值划转股权或资产，凡具有合理商业目的，不以减少、免除或者推迟缴纳税款为主要目的，股权或资产划转后连续12个月内不改变被划转股权或资产原来实质性经营活动，且划出方企业和划入方企业均未在会计上确认损益的，可以选择按以下规定进行特殊性税务处理：

1. 划出方企业和划入方企业均不确认所得。

2. 划入方企业取得被划转股权或资产的计税基础，以被划转股权或资产的原账面净值确定。

3. 划入方企业取得的被划转资产，应按其原账面净值计算折旧扣除。

（二）上述规定明确的三个问题

1. 划转的所得税处理方式

划出和划入双方，都不确认所得，不产生企业所得税纳税义务，

但是计税基础不变。类似59号文的处理方式。

2.享受上述待遇的主体：两类

（1）100%直接控制的居民企业之间。也即是母子公司之间。

（2）受同一或相同多家居民企业100%直接控制的居民企业之间。也即是兄弟公司之间。

3.享受上述待遇需要具备的四项条件

（1）按账面净值划转股权或资产；

（2）具有合理商业目的，不以减少、免除或推迟纳税为目的；

（3）股权或资产划转后12个月内不改变原实质性经营活动；

（4）双方会计处理均不确认损益。

但是，109号文件留下一个巨大的遗憾，就是没有明确如何理解"划转"。

40号公告将109号文件规定的"100%直接控制的居民企业之间，以及受同一或相同多家居民企业100%直接控制的居民企业之间按账面净值划转股权或资产"，具体分为四种情形，其中第一种情况是"有偿的"，后三种情况是"无偿的"。

一是母公司向子公司划转，获得股权对价；

二是母公司向子公司划转，没有获得股权对价；

三是子公司向母公司划转，没有获得对价；

四是兄弟公司之间划转，没有获得对价。

三、四种情形之一：母公司划转子公司并获得股权支付

（一）具体规定

40号公告规定："100%直接控制的母子公司之间，母公司向子公司按账面净值划转其持有的股权或资产，母公司获得子公司100%的股权支付。母公司按增加长期股权投资处理，子公司按接受投资（包括资本公积，下同）处理。母公司获得子公司股权的计税基础以划

转股权或资产的原计税基础确定。"

按照上述规定，假定母公司 A 将计税基础 100 万的一栋大楼，划转给子公司 B，则母公司的账务处理①是：

借：长期股权投资——子公司　　　100 万

　　贷：固定资产——大楼　　　　　100 万

子公司的账务处理是：

借：固定资产——大楼　　　100 万

　　贷：实收资本（或资本公积）　100 万

（二）上述规定产生的问题及如何理解

1. 产生的问题

上述规定存在的问题是，如果母公司因划转股权或资产，获得子公司的股权对价，这不就是非货币资产投资吗？这不是把划转和非货币资产投资等同了吗？

2. 如何理解

综合 40 号公告和 116 号文件的规定，可以理解成，符合条件的母子公司之间的非货币资产投资，不适用 116 号文件分 5 年确认所得的规定，而是适用 109 号文件不确认所得的更优惠的规定。

但是，在准备有关资料时，不能直接表述成非货币资产投资，还是应表述成划转，只不过母公司得到了子公司的股权对价，尽管股权比例还是 100% 没变，但是子公司的实收资本发生了变化，母公司对子公司股权的计税基础也增加了，即在原基础之上，增加了被划转资产或股权的原计税基础。

---

① 此处及以后的账务处理，仅为简单演示，实际账务处理将更加复杂。

四、四种情形之二：母公司划转子公司无股权对价

（一）具体规定

40号公告规定："100%直接控制的母子公司之间，母公司向子公司按账面净值划转其持有的股权或资产，母公司没有获得任何股权或非股权支付。母公司按冲减实收资本（包括资本公积，下同）处理，子公司按接受投资处理。"

按照上述规定，假定母公司A将净值100万的大楼，无偿划转给子公司B，则母公司可能采取的一种账务处理是：

借：资本公积　　　100万

　　贷：固定资产　　　100万

子公司的账务处理是：

借：固定资产　　　100万

　　贷：资本公积　　　100万

（二）上述规定产生的问题及恰当的处理

1. 产生的问题

母公司将自己的资产无偿划转给子公司，怎么会减少自己的实收资本呢？实收资本的变动，往往与股东的投资或撤资有关，如果在这一过程中，并不涉及母公司的股东，就不应冲减母公司的实收资本。

2. 恰当的处理

根据109号文件的规定，子公司不确认损益，按接受投资，就不确认损益，这样将其得到的资产计入资本公积，比较合适。资本公积属于所有者权益的范畴，在子公司增加资本公积的情况下，减少母公司的资本公积比较合适。

母公司不应冲减实收资本，如果减少实收资本，必须经母公司

股东同意才可,因此,应该冲减的是母公司的资本公积。

五、四种情形之三:子公司划转母公司无对价

(一)具体规定

40号公告规定:"100%直接控制的母子公司之间,子公司向母公司按账面净值划转其持有的股权或资产,子公司没有获得任何股权或非股权支付。母公司按收回投资处理,或按接受投资处理,子公司按冲减实收资本处理。母公司应按被划转股权或资产的原计税基础,相应调减持有子公司股权的计税基础。"

如果子公司B将其持有的计税基础100万的大楼划转给其母公司A,按照上述规定,子公司的账务处理是:

借:实收资本　　　100万
　　贷:固定资产　　100万

母公司可能采用的一种账务处理是:

借:固定资产　　　　　　　100万
　　贷:长期股权投资——子公司B　100万

如果对该子公司的股权计税基础是120万,则应调减到20万。

(二)母公司按接受投资处理存在的问题

如果母公司按接受投资处理,又涉及母公司的股东,且母子公司之间交叉持股。按母公司收回投资处理,无论是对母公司还是对子公司,都比较恰当。

六、四种情形之四:兄弟公司之间无偿划转

(一)具体规定

40号公告规定:"受同一或相同多家母公司100%直接控制的子公司之间,在母公司主导下,一家子公司向另一家子公司按账面净

值划转其持有的股权或资产,划出方没有获得任何股权或非股权支付。划出方按冲减所有者权益处理,划入方按接受投资处理。"

(二)恰当的账务处理方式

假定 A 公司是母公司,下面两个全资控股的子公司——B 公司和 C 公司。在 A 公司的主导下,B 公司将其持有的价值 100 万的大楼划转给 C 公司,没有任何对价。

划出方 B 公司按冲减所有者权益处理,可以冲减资本公积或盈余公积,比较简单;因为减少实收资本会牵涉到母公司,比较复杂。其中一种账务处理是:

借:资本公积　　100 万

　贷:固定资产　　100 万

C 公司按照接受投资处理,计入实收资本还是资本公积?因为如果动实收资本,涉及母公司 A 公司,直接计入资本公积比较合适。建议的账务处理是:

借:固定资产　　100 万

　贷:资本公积　　100 万

七、如何确定 12 个月的起点

109 号文第 3 条规定:"股权或资产划转后连续 12 个月内不改变被划转股权或资产原来实质性经营活动。"

如何确定 12 个月的起点?

40 号公告规定,是指自股权或资产划转完成日起,连续 12 个月内不改变被划转股权或资产原来实质性经营活动。

股权或资产划转完成日,是指股权或资产划转合同(协议)或批复生效,且交易双方已进行会计处理的日期。

对纳税人而言，12个月是个限制，结束得越早越好，划转的协议或批复生效后，应尽快进行会计处理。

八、如何确定划转后的计税基础

109号文第3条规定："划入方企业取得被划转股权或资产的计税基础，以被划转股权或资产的原账面净值确定。""划入方企业取得的被划转资产，应按其原账面净值计算折旧扣除。"

40号公告规定：计税基础，按被划转股权或资产的原账面净值确定，是指划入方企业取得被划转股权或资产的计税基础，以被划转股权或资产的原计税基础确定，计算相应的折旧或摊销。

如果是股权，原来的计税基础是100万，划转后，新股东持有的这部分股权的计税基础还是100万。

如果是固定资产，最初的计税基础是100万，划转时，净值是80万，新所有者持有这项资产的计税基础是100万还是80万？应该是以80万确定计税基础，并计算折旧。

九、享受划转待遇的征管措施

划转不征税的待遇，需要满足一定的条件，因此，税局在征管上，尽管不再实行审批的做法，但是要求纳税人提交资料备案。一旦不征税的条件发生变化，应恢复征税。具体如下：

（一）划出、划入双方处理一致

按照109号文第3条规定进行特殊性税务处理的股权或资产划转，交易双方应在协商一致的基础上，采取一致处理原则统一进行特殊性税务处理。

（二）划转完成年度汇算清缴时，提交有关资料

划出方、划入方如果在划转完成年度，享受划转的所得税待遇，应在企业所得税年度汇算清缴时，分别向各自税局递交《居民企业资产（股权）划转特殊性税务处理申报表》和一式两份相关资料。

相关资料包括：

1. 股权或资产划转总体情况说明，包括基本情况、划转方案等，并详细说明划转的商业目的；

2. 交易双方或多方签订的股权或资产划转合同（协议），需有权部门（包括内部和外部）批准的，应提供批准文件；

3. 被划转股权或资产账面净值和计税基础说明；

4. 交易双方按账面净值划转股权或资产的说明（需附会计处理资料）；

5. 交易双方均未在会计上确认损益的说明（需附会计处理资料）；

6. 12个月内不改变被划转股权或资产原来实质性经营活动的承诺书。

（三）划转完成下一年度汇算清缴时，说明是否改变实质经营活动

由于在交易完成后12个月内，不得改变被划转股权或资产的实质经营活动，因此，40号公告规定，双方应在划转完成的下一年度企业所得税汇算清缴时，向各自税局提交书面情况说明，以证明被划转股权或资产自划转完成日后连续12个月内，没有改变原来的实质性经营活动。

如何判定是否发生变化？

40号公告规定："交易一方在股权或资产划转完成日后连续12个月内发生生产经营业务、公司性质、资产或股权结构等情况变化，致使股权或资产划转不再符合特殊性税务处理条件的，发生变化的交易一方应在情况发生变化的30日内报告其主管税务机关，同时书面通知另一方。另一方应在接到通知后30日内将有关变化报告其主管税务机关。"

根据上述规定，如果划转的是资产，资产的经营业务不得发生变化。

如果划转的是股权，则如果有关企业的公司性质、资产或股权结构发生变化，可能被认为发生了变化。

十、不能享受划转待遇后的补税及有关处理措施

根据40号公告，如果划转当事双方，在划转后12个月内，发生不能享受特殊重组待遇的情况，应在情况发生变化后60日内，按视同销售进行各自的所得税处理，具体规定如下：

（一）母公司划转子公司并获得股权支付

母公司应按原划转完成时，股权或资产的公允价值视同销售处理，并按公允价值确认取得长期股权投资的计税基础；子公司按公允价值确认划入股权或资产的计税基础。

（二）母公司划转子公司无股权对价

母公司应按原划转完成时，股权或资产的公允价值视同销售处理；子公司按公允价值确认划入股权或资产的计税基础。

（三）子公司划转母公司无对价

子公司应按原划转完成时，股权或资产的公允价值视同销售处理；母公司应按撤回或减少投资进行处理。

（四）兄弟公司之间无偿划转

划出方应按原划转完成时，股权或资产的公允价值视同销售处理；

母公司根据交易情形和会计处理，对划出方，按分回股息进行处理，或者按撤回或减少投资进行处理；对划入方，按以股权或资产的公允价值进行投资处理；

划入方按接受母公司投资处理，以公允价值确认划入股权或资产的计税基础。

（五）重新申报划转完成年度的所得税

交易双方应调整划转完成纳税年度的应纳税所得额，及相应股权或资产的计税基础，向各自主管税务机关申请调整划转完成纳税年度的企业所得税年度申报表，依法计算缴纳企业所得税。

40号公告强调，交易双方的主管税务机关应对企业申报适用特殊性税务处理的股权或资产划转加强后续管理。

十一、执行时间

与109号文一致，40号公告适用于2014年度及以后年度企业所得税汇算清缴。此前尚未进行税务处理的股权、资产划转，符合109号文件及40号公告规定的，可按40号公告执行。

十二、对纳税人的启示

40号公告关于补税的规定及其他规定，最起码给纳税人以下启示：

（一）确保划转后12个月内，不改变被划转股权或资产原来实质性经营活动

至于如何掌握不改变实质经营活动，没有特别明确的规定，这加大了纳税人的风险，但是可以从以下角度把握：

如果被划转的是资产，则尽量保持资产以前的功能和作用，划转前资产干什么用，划转后，还干什么用。

如果被划转的是股权，则相关企业在股权结构、主营业务等方面别发生大的改变。

（二）划转前，认真考虑109号文和40号公告的规定

由于享受特殊重组待遇，需要提交有关资料，在划转前，应按照109号文和40号公告的规定，认真准备有关提交税局的资料；年度汇算清缴时，及时将资料递交税局。

（三）划转后，及时进行账务处理

账务处理，是享受待遇的条件之一，划转完成后，及时进行账

务处理。

（四）2014年之前的划转，争取享受待遇

尽管40号公告适用于2014年之后的情况，但是给以前的划转，留了一扇门，只要没处理，也就是说，只要还没缴税，还有争取的希望。

2. 重组的企业所得税：新程序与新政策

——国家税务总局 2015 年第 48 号公告解读

重组是许多企业的大事，重组过程复杂，涉及金额巨大，税务成本高昂。但是，如果能充分享受既有的有关重组的税收优惠政策，又可以节省巨额税款，有很大的税务价值创造空间。因此，在重组过程中，重组方式的选择、重组方案的设计、重组协议的拟定、重组资料的提交等每个环节、每个方面，都需要认真对待；一个环节、一个地方出现问题，都可能导致丧失享受优惠的资格。总局最近下发的《关于企业重组业务企业所得税征收管理若干问题的公告》(国家税务总局公告 2015 年第 48 号，以下简称 48 号公告)，不仅简化、明确了办理享受特殊重组业务的手续，也明确了一些政策性问题，本文结合对 48 号公告及有关重组法规的解读，分析以下问题：

一、重组的企业所得税法规体系

二、所得税法规中的重组类型

三、重组所得税处理：一般重组与特殊重组

四、特殊重组的柔性条件和刚性条件

五、从哪些角度证明合理的商业目的

六、直接以股权出资不能享受特殊重组待遇

七、特殊重组程序：审批变申报

八、重组主导方、重组完成日及其意义

九、分步重组的管理

十、48 号公告澄清的有关问题

十一、享受特殊重组应注意的事项

附件1：企业重组所得税特殊性税务处理报告表

附件2：企业重组所得税特殊性税务处理申报资料一览表

一、重组的企业所得税法规体系

到目前为止，关于重组的企业所得税法规包括：

《财政部国家税务总局关于企业重组业务企业所得税处理若干问题的通知》（财税〔2009〕59号，简称59号文）；

《关于发布〈企业重组业务企业所得税管理办法〉的公告》（国家税务总局公告2010年第4号，简称4号公告）；

《财政部国家税务总局关于促进企业重组有关企业所得税处理问题的通知》（财税〔2014〕109号，简称109号文）；

《关于资产（股权）划转企业所得税征管问题的公告》（国家税务总局公告2015年第40号，简称40号公告）；

《关于企业重组业务企业所得税征收管理若干问题的公告》（国家税务总局公告2015年第48号，简称48号公告）

上述5项法规中，59号文和109号文，属于政策性文件，分别规定了不同重组业务享受特殊重组的标准、所得税处理方式等。

4号公告、40号公告、48号公告都是有关重组所得税的具体操作办法。当然，其中也有一些政策性的重要规定，如4号公告关于可以作为支付对价的自己的股权，包括自己持有的下属企业的股权，这是一项非常重要的规定，为俗称的换股享受特殊重组待遇，提供了法规支持。

4号公告和48号公告，主要是配合59号文的操作文件。40号公告是配合109号文关于资产（股权）划转的操作文件。

二、所得税法规中的重组类型

59号文规定的重组方式包括：法律形式简单改变、债务重组、股权收购、资产收购、合并、分立，但是不包括一些央企经常发生的一种重组类型：资产（股权）划转。直到2014年的109号文，才明确了划转的所得税处理。

109号文规定，符合条件的资产划转，划出方和划入方，均不确认所得。如果没有109号文，资产划转双方均要确认所得，划出方按照视同销售计算划出资产的所得，划入方按照接受捐赠，计算所得。

109号文的另一重大贡献，是降低了股权收购和资产收购享受特殊重组待遇的门槛，将股权收购比例和资产收购比例，由59号文规定的75%降低到50%，即收购企业购买的股权或资产不低于被收购企业全部股权或资产的比例，由75%降低到50%。

三、重组所得税处理：一般重组与特殊重组

（一）重组所得税处理的两种方式

重组过程中的所得税，无非就是两种处理方式：重组时征税，重组时暂不征税。重组时征税的，就是一般重组；重组时暂不征税的，就是特殊重组。

企业重组时面临的难题是，在重组中，转让股权或资产的一方，可能没有取得现金，如果重组就缴税，纳税人没钱缴税，可能就无法重组。为消除重组过程中的税收障碍，如果满足规定的条件，就可以享受暂时不征税的特殊重组待遇。如果不满足条件，重组时就要纳税，这就是一般重组。

（二）重组所得税处理方式的两项内容

无论是一般重组还是特殊重组，所得税处理，主要内容就是两项：一是所得，二是计税基础。

一般重组，在重组时，就按照有关资产的公允价值，计算所得；有关资产的计税基础，按照重组时的公允价值重新确定。

特殊重组，在重组时，不计算所得；有关资产的计税基础不变。

四、特殊重组的柔性条件和刚性条件

特殊重组的条件，分为柔性条件和刚性条件。柔性条件是各重组类型都应具备的有一定弹性的条件，刚性条件是重组类型需要各

自满足的没有弹性的条件。

（一）特殊重组的柔性条件

无论是 59 号文，还是 109 号文，享受特殊重组的柔性条件是：

1. 商业目的合理

具有合理的商业目的，且不以减少、免除或者推迟缴纳税款为主要目的。

2. 实质经营活动不变

企业重组后的连续 12 个月内，不改变重组资产原来的实质性经营活动。

（二）特殊重组的刚性条件

1. 被收购的股权、资产的比例

被收购的股权不低于被收购企业全部股权的 50%，被收购的资产不低于转让企业全部资产的 50%。

2. 股权支付的比例

股权支付金额占交易支付金额的比例，不低于 85%。

3. 原股东不转让股权

企业重组中取得股权支付的原主要股东，在重组后连续 12 个月内，不得转让所取得的股权。

五、从哪些角度证明合理的商业目的

合理的商业目的，是享受特殊重组的必要条件。什么是合理的商业目的？核心内容是，重组不以减少、免除、推迟缴纳税款为目的。根据 4 号公告和 48 号公告，应分别从以下角度证明：

（一）重组活动的交易方式

即重组活动采取的具体形式、交易背景、交易时间、在交易之前和之后的运作方式和有关的商业常规。

这项内容可以说是一般的背景介绍。

(二)该项交易的形式及实质

即形式上交易所产生的法律权利和责任,也是该项交易的法律后果。另外,交易实际上或商业上产生的最终结果。

这项内容是介绍交易的具体内容,当事各方在此次交易中的权利、义务和责任,也可以说是有关合同中的内容给交易各方带来的影响。

(三)各方税收负担的变化

重组活动给交易各方税务状况带来的可能变化。

这项内容是分析重组对各方税收负担的影响,开始进入判定合理商业目的的关键。

(四)各方财务状况的变化

重组各方从交易中获得的财务状况变化。

这项内容是分析重组对各方财务状况的影响,也是判定合理商业目的的关键。

(五)是否有异常的利益或义务

重组活动是否给交易各方带来了在市场原则下不会产生的异常经济利益或潜在义务。

这项内容看似重要,但可以看成是一项补充内容,没有谁承认通过重组获得了异常的利益或义务。

(六)非居民企业参与情况

非居民企业参与重组的情况。

如果有非居民参加,就介绍有关情况;没有非居民,直接在申报材料中注明重组不涉及非居民。

尽管是从上述六个角度分别论证是否有合理的商业目的,但是重点是不一样的。第一个和第二个,是一般性地介绍;重点是第三和第四。如果财务状况的变化与税务状况的变化密切相关,比如增加的1元钱利润,是因为降低了1元钱的税收负担,这就可能被认为是本次重组以免除、减少或推迟缴纳税款为主要目的；如果税务状况的变化和财务状况的变化没有直接关系，则有助于证明自己合理的商业目的。

六、直接以股权出资不能享受特殊重组待遇

在重组的所得税处理中，一种常见的错误认识是，认为直接以股权出资，可以享受特殊重组待遇。

产生这种错误认识的原因是，股权或资产的收购方，如果以自己本身的股权作为支付对价，股权或资产的转让方，就相当于以其持有的股权对被收购企业出资。

举例如下：

A公司持有B公司100%股权，C公司自A公司手中收购其持有的全部B公司股权，以自己的股权作为支付对价。

如果C公司以自己的股权作为支付对价，则最终的结果就是A公司以持有的B公司股权对C公司投资。但是，这种投资是C公司收购股权并以自己的股权作为支付对价的结果。

如果没有C公司对A公司的股权收购，A公司直接以持有的B公司股权对C公司出资，则无法享受特殊重组，因为59号文、109号文，都没有以股权出资的规定，也拿不出享受特殊重组待遇必需的股权收购协议。

七、特殊重组程序：审批变申报

税务局对企业特殊重组的管理方式，由59号文的备案到4号公告的确认，再到48号公告的汇算清缴时，提交有关资料即可。

59号文件规定企业选择适用特殊性税务处理的，应在年度纳税申报时向主管税务机关书面备案，否则不得进行特殊性税务处理。4号公告进一步明确，重组各方需要税务机关确认的，可以选择由重组主导方向主管税务机关提出申请，层报省税务机关给予确认。"确

认"可以理解成"审批"。

48号公告，则取消审批，直接采用在年度纳税申报时，提交有关资料，享受特殊重组的方式。

企业重组业务适用特殊性税务处理的，除59号文件规定的企业发生法律形式简单改变的情形外，重组各方应在该重组业务完成当年，办理企业所得税年度申报时，分别向各自主管税务机关报送《企业重组所得税特殊性税务处理报告表及附表》和申报资料。合并、分立中重组一方涉及注销的，应在尚未办理注销税务登记手续前进行申报。

重组主导方申报后，其他当事方向其主管税务机关办理纳税申报，申报时还应附送重组主导方经主管税务机关受理的《企业重组所得税特殊性税务处理报告表及附表》（复印件）。

除提交报告表外，纳税人还应根据重组的类型，按照48号公告对每项重组类型提交资料的要求，提交有关资料，比如重组的总体情况说明，是否符合规定的条件，尤其是合理商业目的，需要逐条说明。

八、重组主导方、重组完成日及其意义

重组过程中，确定重组主导方和完成日，是一个很关键的问题，影响办理有关特殊重组手续的程序和时间。重组主导方在重组完成日所在年份的年度纳税申报时，先向税局提交《企业重组所得税特殊性税务处理报告表及附表》后，其他当事方才可拿着复印件到税局办理手续。

（一）主导方——一般重组中有纳税义务的一方

不同的重组类型，有不同的重组主导方，但是一个共同的特点是，如果是一般重组，有纳税义务的一方就是主导方。具体是：

1. 债务重组

债务人为主导方。

2. 股权收购

股权转让方为主导方。涉及两个或两个以上股权转让方，由转

让被收购企业股权比例最大的一方作为主导方（转让股权比例相同的可协商确定主导方）。

3. 资产收购

资产转让方为主导方。

4. 合并

被合并企业为主导方。涉及同一控制下多家被合并企业的，以净资产最大的一方为主导方。

5. 分立

被分立企业为主导方。

（二）重组完成日

重组完成日的重要性在于，在哪一年完成重组，就要在哪一年的年度所得税纳税申报时，提交有关资料，享受特殊重组的待遇。

1. 债务重组

以债务重组合同（协议）或法院裁定书生效日为重组日。

2. 股权收购

以转让合同（协议）生效且完成股权变更手续日为重组日。关联企业之间发生股权收购，转让合同（协议）生效后12个月内尚未完成股权变更手续的，应以转让合同（协议）生效日为重组日。

3. 资产收购

以转让合同（协议）生效且当事各方已进行会计处理的日期为重组日。

4. 合并

以合并合同（协议）生效、当事各方已进行会计处理且完成工商新设登记或变更登记日为重组日。按规定不需要办理工商新设或变更登记的合并，以合并合同（协议）生效且当事各方已进行会计处理的日期为重组日。

5. 分立

以分立合同（协议）生效、当事各方已进行会计处理且完成工商新设登记或变更登记日为重组日。

九、分步重组的管理

有些企业的重组是分步到位，整体看，符合特殊重组的条件，但是分步看，不符合特殊重组的条件。59号文件明确在12个月内的分步重组，可以享受特殊重组待遇。

但是在管理上，如何操作呢？如果分步重组跨年度，第一步不符合，第一步重组时，是征税还是先暂时不征税？48号公告规定，如果当事各方在首次交易完成时，预计整个交易符合特殊性税务处理条件，经协商一致选择特殊性税务处理的，可以暂时适用特殊性税务处理，并在当年企业所得税年度申报时提交书面申报资料。在下一纳税年度全部交易完成后，如适用特殊性税务处理，当事各方应再申报相关资料；如适用一般性税务处理的，应调整相应纳税年度的企业所得税年度申报表，计算缴纳企业所得税。

十、48号公告澄清的有关问题

48号公告尽管是个操作性的文件，但是也澄清了几个重要的政策问题。

（一）股权转让方可以是多个股东

股权收购享受特殊重组的条件是，收购的股权占全部股权的比例不低于50%。一个问题是，这50%的股权必须是自一个股东手中收购，还是可以从多个股东手中收购？

从48号公告的附件《企业重组所得税特殊性税务处理报告表(股权收购)》中可以看出，出售股权的股东，可以是一个以上。

（二）出售资产的比例按照公允价值计算

出售资产的比例不低于全部资产的50%，才可以特殊重组。那么资产的比例，是按照账面价值计算，还是按照公允价值计算？

根据48号公告的附件《企业重组所得税特殊性税务处理报告表（资产收购）》，出售资产的比例应该按照公允价值计算。这为纳税人带来了一定的麻烦，如果A公司的资产中，有持有的B公司的股权，在评估A公司的公允价值时，是否还要评估B公司的公允价值？如果B公司再持有C公司的股权，评估将是非常复杂的事。

十一、享受特殊重组应注意的事项

税务局对特殊重组事前的程序管理变简单了，但是事后的实质管理却加强了，因此，纳税人切不可以为享受特殊重组更容易了。为充分享受特殊重组，避免以后被补税罚款的风险，建议注意以下几点：

（一）按照税法规定草拟有关合同协议

享受特殊重组，必须有证据，这些证据就是合同协议、评估报告等资料。纳税人应根据重组的实际情况和59号文、109号文关于特殊重组条件的规定，准备有关合同条款，并保存有关的凭据，以备税务局日后检查。

（二）认真、全面准备提交税局的各种资料

必须按照税局的要求，提交所有的资料，尤其是情况说明，需要说明符合特殊重组的要求，尤其要逐条说明有合理的商业目的。这些资料提交税局后，其效果应该是说服税局认可特殊重组的要求。

（三）关联方重组12个月内完成

股权收购的重组日一般是完成股权变更日，但是48号公告规定，关联企业之间发生股权收购，转让合同（协议）生效后12个月内尚未完成股权变更手续的，应以转让合同（协议）生效日为重组日。关联方之间如果合同生效后12个月没有完成重组，但是生效时又没有提交资料，享受政策就有点麻烦，因此，关联方之间的重组，最好在12个月内完成。

企业所得税

附件1
企业重组所得税特殊性税务处理报告表

纳税人名称（盖章）		纳税人识别号		
单位地址		财务负责人		
主管税务机关（全称）		联系电话		
重组日：	重组业务开始年度：		重组业务完成年度：	
重组交易类型	企业在重组业务中所属当事方类型			
□法律形式改变				
□债务重组	□债务人	□债权人		
□股权收购	□收购方	□转让方	□被收购企业	
□资产收购	□收购方	□转让方		
□合并	□合并企业	□被合并企业	□被合并企业股东	
□分立	□分立企业	□被分立企业	□被分立企业股东	
特殊性税务处理条件	（一）具有合理的商业目的，且不以减少、免除或者推迟缴纳税款为主要目的。		□	
	（二）被收购、合并或分立部分的资产或股权比例符合规定的比例。		□比例	%
	（三）企业重组后的连续12个月内不改变重组资产原来的实质性经营活动。		□	
	（四）重组交易对价中涉及股权支付金额符合规定比例。		□比例	%
	（五）企业重组中取得股权支付的原主要股东，在重组后连续12个月内，不得转让所取得的股权。		□	
主管税务机关受理意见	（受理专用章） 年 月 日			

26

（续表）

其他需要说明的事项（重组业务其他需要说明的事项，如没有则填"无"）：	
纳税人声明	谨声明：本人知悉并保证本表填报内容及所附证明材料真实、完整，并承担因资料虚假而产生的法律和行政责任。 法定代表人签章：　　　　　　　　年　月　日

填表说明：

1. 本表为企业重组业务适用特殊性税务处理申报时填报。涉及两个及以上重组交易类型的，应分别填报。

2. "特殊性税务处理条件"，债务重组中重组所得超50%的，只需填写条件（一），债转股的，只需填写条件（一）和（五）；合并中同一控制下且不需要支付对价的合并，只需填写条件（一）、（二）、（三）和（五）。

3. 本表一式两份，重组当事方及其所属主管税务机关各一份。

4. 除法律形式简单改变外，重组各方应在该重组业务完成当年，办理企业所得税年度申报时，分别向各自主管税务机关报送《企业重组所得税特殊性税务处理报告表及附表》和申报资料。合并、分立中重组一方涉及注销的，应在尚未办理注销税务登记手续前进行申报。重组主导方申报后，其他当事方向其主管税务机关办理纳税申报。申报时还应附送重组主导方经主管税务机关受理的《企业重组所得税特殊性税务处理报告表及附表》（复印件）。

企业所得税

附件1-1
企业重组所得税特殊性税务处理报告表（债务重组）

申报企业名称（盖章）：_____　　　　　　金额单位：元（列至角分）

债务人名称	债务人纳税识别号	债务人所属主管税务机关（全称）
债权人名称	债权人纳税识别号	债权人所属主管税务机关（全称）

债务重组方式	□ 重组所得超过应纳税所得额50%	□ 债转股	
债务人重组业务涉及的债务账面价值			
债务人重组业务涉及的债务计税基础（1）		其中：①应付账款计税基础	
		②其他应付款计税基础	
		③借款计税基础	
		④其他债务计税基础	
除债转股方式外的债务重组	债务人用于偿付债务的资产公允价值（2）	其中：①现金	
		②银行存款	
		③非货币资产	
		④其他	
	债务人债务重组所得（3）=（1）-（2）		
	债务人本年度应纳税所得额		债务重组所得占本年度应纳税所得额的比重%	

28

（续表）

债转股方式的债务重组	债权人债转股后所拥有的股权占债务人全部股权比例%		债转股取得股权的公允价值（4）	
	债权人原债权的计税基础（即股权的计税基础）		债务人暂不确认的债务重组所得（5）=（1）-（4）	

谨声明：本人知悉并保证本表填报内容及所附证明材料真实、完整，并承担因资料虚假而产生的法律和行政责任。

法定代表人签章：　　　　　　　年　月　日

填表人：　　　　　　　　　填表日期：

填表说明：

1. 合并企业名称，吸收合并为合并后存续的企业，新设合并为新设企业。
2. 被合并企业为两家以上的，应自行增加行次填写。

企业所得税

附件 1-2
企业重组所得税特殊性税务处理报告表（股权收购）

申报企业名称（盖章）：_____　　　　　　　金额单位：元（列至角分）

被收购企业名称	被收购企业纳税识别号	被收购企业所属主管税务机关（全称）	
股权收购方名称	股权收购方纳税识别号	股权收购方所属主管税务机关（全称）	
股权转让方1（被收购企业的股东）名称	转让被收购企业股权占被收购企业全部股权的比例%1	股权转让方1所属主管税务机关（全称）	
股权转让方1（被收购企业的股东）纳税识别号			
股权转让方2（被收购企业的股东）名称	转让被收购企业股权占被收购企业全部股权的比例%2	股权转让方2所属主管税务机关（全称）	
股权转让方2（被收购企业的股东）纳税识别号			
股权收购方购买的股权占被收购企业全部股权的比例%		股权收购方股权支付金额占交易支付总额的比例%	
股权收购交易支付总额	其中：股权支付额	非股权支付额	

（续表）

股权转让合同（协议）生效日		股权收购方所收购股权的工商变更登记日				转让方与收购方是否为关联企业		□是	□否
被收购企业原有各项资产和负债的计税基础是否保持不变			□是			□否			
股权转让方1	项目名称	公允价值	账面价值	原计税基础	非股权支付对应的资产转让所得或损失	实际取得股权及其他资产			
						项目名称	公允价值		计税基础
	转让被收购企业股权								
						合计			
股权转让方2	项目名称	公允价值	账面价值	原计税基础	非股权支付对应的资产转让所得或损失	实际取得股权及其他资产			
						项目名称	公允价值		计税基础
	转让被收购企业股权								
						合计			

企业所得税

(续表)

	项目名称	公允价值	账面价值	原计税基础	非股权支付对应的资产转让所得或损失	实际取得股权及其他资产		
						项目名称	公允价值	计税基础
股权收购方	1.股权支付额					被收购企业股权		
	(1)本企业股权							
	(2)其控股企业股权							
	①							
	②							
	……							
	2.非股权支付额							
	合计(1+2)							

谨声明：本人知悉并保证本表填报内容及所附证明材料真实、完整，并承担因资料虚假而产生的法律和行政责任。

法定代表人签章： 　　　　　年　月　日

填表人： 　　　　　　　　　填表日期：

填表说明：
1.若一笔股权收购交易涉及两个以上股权转让方的，应自行增加行次填写。
2.若股权收购业务较复杂，本表不能充分反映企业实际情况，企业可自行补充说明。
3.本表一式两份。股权转让方(股权收购方、被收购企业)及其所属主管税务机关各一份。

附件 1-3

企业重组所得税特殊性税务处理报告表（资产收购）

申报企业名称（盖章）：_____　　　　　　　　金额单位：元（列至角分）

资产转让方名称					资产转让方所属主管税务机关（全称）			
资产转让方纳税识别号								
资产转让方全部资产的公允价值				资产转让方所转让资产的公允价值		所转让资产占资产转让方全部资产的比例%		
资产受让方名称				资产受让方所属主管税务机关（全称）		股权支付金额占交易支付总额的比例%		
资产受让方纳税识别号								
资产收购交易支付总额				其中：股权支付额		非股权支付额		
资产转让方	项目名称（按大类）	公允价值	账面价值	原计税基础	非股权支付对应的资产转让所得或损失	实际取得股权及其他资产		
						项目名称	公允价值	计税基础
	转让资产合计					合计		

33

（续表）

	项目名称	公允价值	账面价值	原计税基础	非股权支付对应的资产转让所得或损失	实际取得股权及其他资产		
						项目名称（按大类）	公允价值	计税基础
资产受让方	1.股权支付额							
	（1）本企业股权							
	（2）其控股企业股权							
	①							
	②							
	……							
	2.非股权支付额							
	合计（1+2）					合计		
是否存在资产收购涉及项目所得的税收优惠承继			优惠已执行年限		优惠剩余年限			

谨声明：本人知悉并保证本表填报内容及所附证明材料真实、完整，并承担因资料虚假而产生的法律和行政责任。

法定代表人签章： 年 月 日

填表人： 填表日期：

填表说明：
1. 若资产收购业务较复杂，本表不能充分反映企业实际情况，企业可自行补充说明。
2. 本表一式两份。资产转让方（资产受让方）及其所属主管税务机关各一份。

附件 1-4
企业重组所得税特殊性税务处理报告表（企业合并）

申报企业名称（盖章）：_____　　　　　　金额单位：元（列至角分）

合并企业名称	合并企业纳税识别号		合并企业所属主管税务机关（全称）	
被合并企业名称	被合并企业纳税识别号		被合并企业所属主管税务机关（全称）	
1			1	
2			2	
被合并企业股东名称	纳税识别号	持股比例%	被合并企业股东所属主管税务机关（全称）	
1			1	
2			2	
3			3	
合并交易的支付总额			股权支付额占交易支付总额的比例%	
股权支付额（公允价值）			股权支付额（原计税基础）	
非股权支付额（公允价值）			非股权支付额（原计税基础）	
是否为同一控制下且不需要支付对价的合并	□是	□否	非股权支付对应的资产转让所得或损失	
被合并企业税前尚未弥补的亏损额			被合并企业净资产公允价值	

企业所得税

（续表）

截至合并业务发生当年年末国家发行的最长期限的国债利率		可由合并企业弥补的被合并企业亏损的限额	
被合并企业资产的原计税基础		合并企业接受被合并企业资产的计税基础	
被合并企业负债的原计税基础		合并企业接受被合并企业负债的计税基础	
未确认的资产损失		分期确认的收入	
被合并企业有关项目所得优惠的剩余期限		年至	年
被合并企业股东取得股权和其他资产情况			
股东名称	项目名称	公允价值	计税基础

谨声明：本人知悉并保证本表填报内容及所附证明材料真实、完整，并承担因资料虚假而产生的法律和行政责任。

法定代表人签章： 年 月 日

填表人： 填表日期：

填表说明：
1. 合并企业名称，吸收合并为合并后存续的企业，新设合并为新设企业。
2. 被合并企业为两家以上的，应自行增加行次填写。
3. 若企业合并业务较复杂，本表不能充分反映企业实际情况，企业可自行补充说明。
4. 本表一式两份。合并企业（被合并企业、被合并企业股东）及其所属主管税务机关各一份。

附件 1-5
企业重组所得税特殊性税务处理报告表（企业分立）

申报企业名称（盖章）：_____　　　　　　金额单位：元（列至角分）

被分立企业名称				
被分立企业纳税识别号			被分立企业所属主管税务机关（全称）	
被分立企业	资产		负债	净资产
计税基础				
公允价值				
被分立企业股东名称	持股比例	股权公允价值	股权原计税基础	被分立企业股东所属主管税务机关（全称）
1				
2				
分立企业1名称				
分立企业1纳税识别号			分立企业1所属主管税务机关（全称）	
分立企业1	资产		负债	净资产
计税基础				
公允价值				
分立企业2名称				
分立企业2纳税识别号			分立企业2所属主管税务机关（全称）	
分立企业2	资产		负债	净资产
计税基础				

（续表）

公允价值			
分立交易的支付总额		股权支付额占交易支付总额的比例%	
股权支付额（公允价值）		股权支付额（原计税基础）	
非股权支付额（公允价值）		非股权支付额（原计税基础）	
非股权支付对应的资产转让所得或损失			
被分立企业分立资产公允价值		被分立企业全部资产公允价值	
被分立企业未超过法定弥补期限的亏损额		分立企业可弥补的被分立企业尚未弥补的亏损额	
未确认的资产损失		分期确认的收入	
被分立企业股东取得股权和其他资产情况			
股东名称	项目名称	公允价值	计税基础

谨声明：本人知悉并保证本表填报内容及所附证明材料真实、完整，并承担因资料虚假而产生的法律和行政责任。

法定代表人签章： 年 月 日

填表人： 填表日期：

填表说明：
1. 分立企业超过两家的，应增加相应行次填写。
2. 若企业分立业务较复杂，本表不能充分反映企业实际情况，企业可自行补充说明。
3. 本表一式两份，分立企业（被分立企业、被分立企业股东）及其所属税务机关各一份。

附件2

企业重组所得税特殊性税务处理申报资料一览表

重组类型	资料提供方	申报资料
债务重组	当事各方	1. 债务重组的总体情况说明，包括债务重组方案、基本情况、债务重组所产生的应纳税所得额，并逐条说明债务重组的商业目的；以非货币资产清偿债务的，还应包括企业当年应纳税所得额情况；
		2. 清偿债务或债权转股权的合同（协议）或法院裁定书，需有权部门（包括内部和外部）批准的，应提供批准文件；
		3. 债权转股权的，提供相关股权评估报告或其他公允价值证明；以非货币资产清偿债务的，提供相关资产评估报告或其他公允价值证明；
		4. 重组当事各方一致选择特殊性税务处理并加盖当事各方公章的证明资料；
		5. 债权转股权的，还应提供工商管理部门等有权机关登记的相关企业股权变更事项的证明材料，以及债权人12个月内不转让所取得股权的承诺书；
		6. 重组前连续12个月内有无与该重组相关的其他股权、资产交易，与该重组是否构成分步交易、是否作为一项企业重组业务进行处理情况的说明；
		7. 按会计准则规定当期应确认资产（股权）转让损益的，应提供按税法规定核算的资产（股权）计税基础与按会计准则规定核算的相关资产（股权）账面价值的暂时性差异专项说明。
股权收购	当事各方	1. 股权收购业务总体情况说明，包括股权收购方案、基本情况，并逐条说明股权收购的商业目的；
		2. 股权收购、资产收购业务合同（协议），需有权部门（包括内部和外部）批准的，应提供批准文件；
		3. 相关股权评估报告或其他公允价值证明；

(续表)

股权收购	当事各方	4. 12个月内不改变重组资产原来的实质性经营活动、原主要股东不转让所取得股权的承诺书；
		5. 工商管理部门等有权机关登记的相关企业股权变更事项的证明材料；
		6. 重组当事各方一致选择特殊性税务处理并加盖当事各方公章的证明资料；
		7. 涉及非货币性资产支付的，应提供非货币性资产评估报告或其他公允价值证明；
		8. 重组前连续12个月内有无与该重组相关的其他股权、资产交易，与该重组是否构成分步交易、是否作为一项企业重组业务进行处理情况的说明；
		9. 按会计准则规定当期应确认资产（股权）转让损益的，应提供按税法规定核算的资产（股权）计税基础与按会计准则规定核算的相关资产（股权）账面价值的暂时性差异专项说明。
资产收购	当事各方	1. 资产收购业务总体情况说明，包括资产收购方案、基本情况，并逐条说明资产收购的商业目的；
		2. 资产收购业务合同（协议），需有权部门（包括内部和外部）批准的，应提供批准文件；
		3. 相关资产评估报告或其他公允价值证明；
		4. 被收购资产原计税基础的证明；
		5. 12个月内不改变资产原来的实质性经营活动、原主要股东不转让所取得股权的承诺书；
		6. 工商管理部门等有权机关登记的相关企业股权变更事项的证明材料；
		7. 重组当事各方一致选择特殊性税务处理并加盖当事各方公章的证明资料；
		8. 涉及非货币性资产支付的，应提供非货币性资产评估报告或其他公允价值证明；
		9. 重组前连续12个月内有无与该重组相关的其他股权、资产交易，与该重组是否构成分步交易、是否作为一项企业重组业务进行处理情况的说明；
		10. 按会计准则规定当期应确认资产（股权）转让损益的，应提供按税法规定核算的资产（股权）计税基础与按会计准则规定核算的相关资产（股权）账面价值的暂时性差异专项说明。

(续表)

合并	当事各方	1. 企业合并的总体情况说明,包括合并方案、基本情况,并逐条说明企业合并的商业目的;
		2. 企业合并协议或决议,需有权部门(包括内部和外部)批准的,应提供批准文件;
		3. 企业合并当事各方的股权关系说明,若属同一控制下且不需支付对价的合并,还需提供在企业合并前,参与合并各方受最终控制方的控制在12个月以上的证明材料;
		4. 被合并企业净资产、各单项资产和负债的账面价值和计税基础等相关资料;
		5. 12个月内不改变资产原来的实质性经营活动、原主要股东不转让所取得股权的承诺书;
		6. 工商管理部门等有权机关登记的相关企业股权变更事项的证明材料;
		7. 合并企业承继被合并企业相关所得税事项(包括尚未确认的资产损失、分期确认收入和尚未享受期满的税收优惠政策等)情况说明;
		8. 涉及可由合并企业弥补被合并企业亏损的,需要提供其合并日净资产公允价值证明材料及主管税务机关确认的亏损弥补情况说明;
		9. 重组当事各方一致选择特殊性税务处理并加盖当事各方公章的证明资料;
		10. 涉及非货币性资产支付的,应提供非货币性资产评估报告或其他公允价值证明;
		11. 重组前连续12个月内有无与该重组相关的其他股权、资产交易,与该重组是否构成分步交易、是否作为一项企业重组业务进行处理情况的说明;
		12. 按会计准则规定当期应确认资产(股权)转让损益的,应提供按税法规定核算的资产(股权)计税基础与按会计准则规定核算的相关资产(股权)账面价值的暂时性差异专项说明。

(续表)

分立	当事各方	1. 企业分立的总体情况说明，包括分立方案、基本情况，并逐条说明企业分立的商业目的；
		2. 被分立企业董事会、股东会（股东大会）关于企业分立的决议，需有权部门（包括内部和外部）批准的，应提供批准文件；
		3. 被分立企业的净资产、各单项资产和负债账面价值和计税基础等相关资料；
		4. 12个月内不改变资产原来的实质性经营活动、原主要股东不转让所取得股权的承诺书；
		5. 工商管理部门等有权机关认定的分立和被分立企业股东股权比例证明材料；分立后，分立和被分立企业工商营业执照复印件；
		6. 重组当事各方一致选择特殊性税务处理并加盖当事各方公章的证明资料；
		7. 涉及非货币性资产支付的，应提供非货币性资产评估报告或其他公允价值证明；
		8. 分立企业承继被分立企业所分立资产相关所得税事项（包括尚未确认的资产损失、分期确认收入和尚未享受期满的税收优惠政策等）情况说明；
		9. 若被分立企业尚有未超过法定弥补期限的亏损，应提供亏损弥补情况说明、被分立企业重组前净资产和分立资产公允价值的证明材料；
		10. 重组前连续12个月内有无与该重组相关的其他股权、资产交易，与该重组是否构成分步交易、是否作为一项企业重组业务进行处理情况的说明；
		11. 按会计准则规定当期应确认资产（股权）转让损益的，应提供按税法规定核算的资产（股权）计税基础与按会计准则规定核算的相关资产（股权）账面价值的暂时性差异专项说明。

3. 资产评估增值　国有企业改制上市可享优惠

出于经营的需要，企业有时需要对自己的资产进行评估。资产评估如果产生增值，是否需要缴纳企业所得税？依据是什么，是否有优惠政策？什么样的企业可以享受优惠政策？2015年财政部、国家税务总局下发《关于企业改制上市资产评估增值企业所得税处理政策的通知》(财税〔2015〕65号)，对符合条件的国有企业改制上市过程中发生的资产评估增值给予了优惠政策。本文将从以下几个方面对资产评估的企业所得税影响进行分析：

一、企业出于哪些需要对资产进行评估

二、资产评估增值是否需要缴纳企业所得税

三、符合条件的企业，改制上市过程中发生资产评估增值可享受税收优惠政策

四、享受优惠政策，企业应满足的条件

五、企业如何从该项政策受益

六、政策的变迁

七、非国有企业的资产评估增值该如何处理

一、企业出于哪些需要对资产进行评估？

资产评估作为一种专业人员对特定时点及特定条件约束下资产价值的估计和判断的活动，通常用于确定某项资产在评估时点的公允价值。企业进行资产评估的目的多种多样，从经营来看主要出于以下几种需要：资产转让、企业兼并、企业出售、企业联营、股份经营（股份制改制）、建立中外合资（合作）企业、企业清算、抵押或担保、企业租赁、债务重组等。

二、资产评估增值是否需要缴纳企业所得税？

资产评估增值是否需要缴税的关键，不在于评估是否产生了增值，而在于评估后将该项资产如何进行处理。企业资产评估的目的不同、对资产的后续处理不同，相应地，企业所得税处理也不同。

《企业所得税法实施条例》规定，企业的各项资产，包括固定资产、生物资产、无形资产、长期待摊费用、投资资产、存货等，以历史成本为计税基础。所称历史成本，是指企业取得该项资产时实际发生的支出。企业持有各项资产期间资产增值或者减值，除国务院财政、税务主管部门规定可以确认损益外，不得调整该资产的计税基础。

《企业所得税法实施条例》还规定，企业发生非货币性资产交换，以及将货物、财产、劳务用于捐赠、偿债、赞助、集资、广告、样品、职工福利或者利润分配等用途的，应当视同销售货物、转让财产或者提供劳务，但国务院财政、税务主管部门另有规定的除外。对此，《国家税务总局关于企业处置资产所得税处理问题的通知》（国税函 [2008] 828号）做出进一步明确，企业将资产移送他人的下列情形，因资产所有权属已发生改变而不属于内部处置资产，应按规定视同销售确定收入：

（一）用于市场推广或销售；

（二）用于交际应酬；

（三）用于职工奖励或福利；

（四）用于股息分配；

（五）用于对外捐赠；

（六）其他改变资产所有权属的用途。

根据上述规定可知：一方面，企业的资产以历史成本为计税基础，资产持有期间的增值或者减值除有特殊规定外，不改变其计税基础。企业对资产进行评估后，如果继续持有没有对外进行处置，该项资产的所有权属不发生改变，那么该资产的计税基础不进行调整，评估的增值或减值也就不涉及企业所得税问题。通俗地说，如果企业把自己的一项资产只是进行了评估，不再做其他的，评估增值了也不用交企业所得税。

另一方面，企业如果将资产对外处置，发生如非货币性资产交换、捐赠、偿债、赞助、用于职工福利或者利润分配等将资产所有权转移的情形，应视同销售，即按公允价值确认收入、扣除该项资产的净值等，计算资产处置损益，计入应纳税所得额。这种情况下，如果有资产评估增值，该部分增值相应地计入了企业当期的损益，参与了企业所得税的计算缴纳。也就是说，如果企业把自己的一项资产进行评估后，对外进行处置如交换、投资等，该企业应该把这项资产做视同销售，资产增值、视同销售有收益的，应缴纳企业所得税。

以上是企业所得税处理的一般规定。特殊一点的，企业在并购重组过程中，如果发生资产处置，除了可以选择适用一般性税务处理方式外，符合条件的，还可以选择适用特殊性税务处理方式（以下简称"特殊重组"）从而递延缴纳企业所得税。需要注意的是，特殊重组只是起到了递延缴纳企业所得税的作用，重组当期不交税，以后资产处置时再缴税，不是不征也不是免税。

除了特殊重组外，对于特定企业资产处置应该缴纳企业所得税的，财税［2015］65号文，给予了另外一种税收优惠处理措施。

三、符合条件的企业，改制上市过程中发生资产评估增值可享受税收优惠政策

2015年1月1日至2018年12月31日：

1. 符合条件的国有企业改制上市过程中发生的资产评估增值，应缴纳的企业所得税可以不征收入库，作为国家投资直接转增该企业的国有资本金，但获得现金及其他非股权对价部分，应按规定缴纳企业所得税。

2. 符合条件的国有企业100%控股（控制）的非公司制企业、单位，在改制为公司制企业环节发生的资产评估增值，应缴纳的企业所得税可以不征收入库，作为国家投资直接转增改制后公司制企业的国有资本金。

3. 资产评估增值是指按同一口径计算的评估减值冲抵评估增值后的余额。

4. 上述经确认的评估增值资产，可按评估价值入账并按有关规定计提折旧或摊销，在计算应纳税所得额时允许扣除。

四、享受优惠政策，企业应满足的条件

1. 国有企业：指纳入中央或地方国有资产监督管理范围的国有独资企业或国有独资有限责任公司。

2. 国有企业改制上市，应属于以下情形之一：

· 国有企业以评估增值资产，出资设立拟上市的股份有限公司；

· 国有企业将评估增值资产，注入已上市的股份有限公司；

· 国有企业依法变更为拟上市的股份有限公司。

3. 取得履行出资人职责机构出具的资产评估结果核准或备案文件。

五、企业如何从该项政策受益？

如第二部分所述，企业资产经评估增值的，如果企业继续持有

增值资产，通常不需要改变资产的计税基础，不涉及企业所得税问题；如果企业以评估增值资产出资设立新公司或将其注入其他公司，都是将资产对外进行处置，资产权属发生改变，根据企业所得税的相关规定需要计算损益缴纳企业所得税。

企业变更，由一般企业或有限责任公司变更为股份有限公司，法律形式发生改变。在这一改变过程中，企业的名称会发生改变，有关资产的名义所有权人会改变，但是企业实质不一定发生改变，资产的实际所有权人也可能没有改变，这种情况下，是否还需要视同销售缴纳企业所得税？企业所得税法中并没有"实质重于形式"的原则，如果税务机关要求企业就资产评估增值部分计算缴纳企业所得税是有道理的。当然，企业也可以考虑适用特殊重组的有关规定，这就需要就个案进行分析，看是否满足条件了。

财税［2015］65号文给予企业的优惠在于：就评估增值而言，如果应该缴纳企业所得税，这部分税款可以不征收入库，而是作为国家投资直接转增该企业的国有资本金。这有助于缓解企业在没有实际现金流入的情况下，就评估增值缴税计算缴纳企业所得税时所面临的资金压力。

六、政策的变迁

在财税［2015］65号文之前，对于企业重组改制上市过程中资产评估增值的部分，是否需要缴纳企业所得税，财政部、国家税务总局曾采取个案明确的方式出台相应规定，处理方式并不相同。

如，2010年出台的《关于中国中化集团有限公司重组上市资产评估增值有关企业所得税政策问题的通知》(财税［2010］49号)规定，中国中化集团公司在重组改制上市过程中发生的资产评估增值应缴纳的企业所得税不征收入库，直接转计中国中化集团公司的国有资本金。

2009年出台的《关于中国对外贸易运输（集团）总公司资产评估增值有关企业所得税问题的通知》（财税［2009］56号）规定，对中外运集团实施集团资源整合中第一批改制企业资产评估增值的部分，在资产转让发生时，按照规定在集团总部所在地缴纳企业所得税。

2008年出台的《关于中国国旅集团有限公司重组上市资产评估增值有关企业所得税政策问题的通知》（财税［2008］82号）规定，中国国旅集团有限公司在整体改制上市过程中发生的资产评估增值，直接转计中国国旅集团有限公司的资本公积，作为国有资本，不征收企业所得税。

七、非国有企业的资产评估增值该如何处理？

财税［2015］65号文件只适用于国有企业改制上市，对于没有特别规定的其他企业、其他情况的评估增值，需要按照企业所得税法的一般规定来确定是否需要缴纳企业所得税，具体请参见本文第二部分与第五部分的分析。

4. 工薪扣除又调整　利空利好各不同

——国家税务总局 2015 年第 34 号公告解读

工资薪金的扣除,一直是企业所得税管理的一个难题,一是工资薪金的范围如何掌握,尤其是与福利费如何区分;二是可以扣除的工资薪金发放的时间,是否必须在 12 月 31 日之前。《关于企业工资薪金和职工福利费等支出税前扣除的公告》(国家税务总局公告 2015 年第 34 号,以下简称 34 号公告),对工资和福利费的扣除,做出了更加具体、合理的规定。本文结合对 34 号公告的解读,探讨以下问题:

一、工资薪金和福利费:企业所得税的范畴

二、工资薪金和福利费:对税前扣除的不同影响

三、工资薪金和福利费:工资薪金范围适当扩大

四、工资薪金与劳务费:接受劳务工支出如何区分

五、工资薪金税前扣除:归属、发放、扣除时间

六、人工成本支出的允许扣除、限制扣除、不得扣除

一、工资薪金和福利费：企业所得税的范畴

严格来讲，工资薪金和福利费的区分，是企业所得税的范畴，不但从支出性质上严格区分，而且在待遇上也不相同。

个人所得税目前实行分类征收，征税对象有工资薪金所得，没有福利费所得。根据个人所得税法，工资、薪金所得的范围，非常宽泛，包括与任职和受雇有关的各项所得。因此，员工取得的福利费，按照工资薪金征收个人所得税。

因此，工资薪金和福利费的区分，实际是企业所得税的范畴。

二、工资薪金和福利费：对税前扣除的不同影响

根据企业所得税法及有关规定，工资薪金的扣除，一般没有限制，可以据实扣除，除非政府有关部门给国有性质的企业规定了工资限额，超限额部分，不得税前扣除。

但是福利费的扣除，根据《企业所得税法实施条例》第40条，职工福利费支出，不超过工资薪金总额14%的部分，准予扣除。

因此，对企业而言，在给员工的支出固定的情况下，可以在工资和福利之间，适当调配一下，争取最大的税前扣除。如果工资扣除没有限制，福利费超标，可以多发工资，少发福利；如果工资扣除有限制，福利费没有超标，可以多发点福利。

三、工资薪金和福利费：工资薪金范围适当扩大

根据34号公告，符合条件的福利费补贴，可以作为工资扣除，也就是说适当扩大了工资薪金的范围。这对福利费超标的企业，是一个降低税负的利好消息，这为将以前作为福利费的支出调整为工资薪金支出，提供了空间。

34号公告的具体规定是："列入企业员工工资薪金制度、固定与工资薪金一起发放的福利性补贴，符合《国家税务总局关于企业工资薪金及职工福利费扣除问题的通知》（国税函〔2009〕3号）第

一条规定的，可作为企业发生的工资薪金支出，按规定在税前扣除。

不能同时符合上述条件的福利性补贴，应作为国税函〔2009〕3号文件第三条规定的职工福利费，按规定计算限额税前扣除。"

国税函〔2009〕3号是关于工资薪金和福利费具体口径的一份文件，判定工资的标准是：

1. 企业制订了较为规范的员工工资薪金制度；

2. 企业所制订的工资薪金制度符合行业及地区水平；

3. 企业在一定时期所发放的工资薪金是相对固定的，工资薪金的调整是有序进行的；

4. 企业对实际发放的工资薪金，已依法履行了代扣代缴个人所得税义务；

5. 有关工资薪金的安排，不以减少或逃避税款为目的。

国税函〔2009〕3号文件规定的福利费的范围是：

1. 尚未实行分离办社会职能的企业，其内设福利部门所发生的设备、设施和人员费用，包括人员的社保等费用，都作为福利费；

2. 为职工卫生保健、生活、住房、交通等所发放的各项补贴和非货币性福利；

3. 按照其他规定发生的其他职工福利费，包括丧葬补助费、抚恤费、安家费、探亲假路费等。

根据34号公告的规定，以前作为福利费处理的交通、住房等补贴，可以在薪金制度中予以明确规定，并且随着工资薪金一起发放，则可以作为工资薪金扣除。

四、工资薪金与劳务费：接受劳务工支出如何区分

许多企业，尤其是工资总额和员工人数受限制的一些国企，往往通过接受劳务用工的方式，缓解工资和员工限制的压力。这部分支出，在所得税上如何处理？

《国家税务总局关于企业所得税应纳税所得额若干税务处理问题的公告》（税务总局公告 2012 年第 15 号）第一条的规定是："企业因雇用季节工、临时工、实习生、返聘离退休人员以及接受外部劳务派遣用工所实际发生的费用，应区分为工资薪金支出和职工福利费支出，并按《企业所得税法》规定在企业所得税前扣除。"

根据上述规定，接受劳务派遣用工的支出，可以作为工资薪金和劳务费处理。这在法理上有点矛盾，因为企业可以与劳务公司签署合同，劳务费支付给劳务公司，怎么就成工资薪金了呢？34 号公告的规定，更加合理。34 号公告的规定是：

"企业接受外部劳务派遣用工所实际发生的费用，应分两种情况按规定在税前扣除：按照协议（合同）约定直接支付给劳务派遣公司的费用，应作为劳务费支出；直接支付给员工个人的费用，应作为工资薪金支出和职工福利费支出。其中属于工资薪金支出的费用，准予计入企业工资薪金总额的基数，作为计算其他各项相关费用扣除的依据。"

如果是工资总额受限制的国有企业，建议将这部分费用适当区分为支付给派遣公司的和直接支付给员工的。工资薪金不受限制的企业，可以尽量直接支付给员工，减少劳务费支出、增加工资薪金支出，以扩大按照工资计算扣除数额的福利费、工会经费、教育经费。

五、工资薪金税前扣除：归属、发放、扣除时间

关于工资薪金的扣除，许多地方税局掌握的标准是，在 12 月底之前发放的工资，才可以税前扣除，这与一些企业 12 月工资在次年 1 月发放、年终奖发放的时间更晚的实际情况不符，既不符合权责发生制的基本原则，也会给纳税人造成不必要的纳税调整麻烦。34 号公告明确，"企业在年度汇算清缴结束前向员工实际支付的已预提汇缴年度工资薪金，准予在汇缴年度按规定扣除。"

也就是说，归属于上年度的工资薪金，只要在次年 5 月 31 日前实际发放，就可以在上年度所得税年度申报时税前扣除。

六、人工成本支出的允许扣除、限制扣除、不得扣除

企业支付给员工的成本，内容很多，税法对这些支出，根据不同的性质，实行不同的扣除政策。

（一）允许扣除

允许扣除的支出，包括：工资薪金、基本社会保险和住房公积金。

（二）限制扣除

限制扣除的支出，包括：符合条件的补充养老、补充医疗保险、福利费。

（三）不得扣除

不得扣除的支出，主要是为员工购买的商业保险。

5. 研发加计政策调整　利好利空各不相同

关于研发费用扣除，财政部和税务总局联合下发的自2016年1月1日执行的《关于完善研究开发费用税前扣除政策的通知》（财税〔2015〕119号，以下简称119号文），废止了之前一直执行的《国家税务总局关于印发〈企业研究开发费用税前扣除管理办法（试行）〉的通知》（国税发〔2008〕116号，以下简称116号文）和《关于研究开发费用税前加计扣除有关政策问题的通知》（财税〔2013〕70号，以下简称70号文）。119号文尽管延续了116号和70号文的诸多规定，但还是有一些重大的区别，既有优惠力度加大的内容，也有对优惠力度适当限制的规定。本文结合116号文和70号文，解析119号文的规定。包括以下问题：

一、适用的纳税人范围未变

二、研发活动范围有增有减

三、不再限制研究技术范围

四、研发费用扩围与限制并举

五、合作开发没有变化

六、委托开发重大变化

七、集团组织研发基本没变

八、会计核算要求

九、2015所得税汇缴是否执行

十、潜在风险

一、适用的纳税人范围未变

研发加计扣除政策还是仅适用于居民企业,119号文与以往没有变化。

二、研发活动范围有增有减

对研发活动的定义,没有本质变化。都是"指企业为获得科学与技术新知识,创造性运用科学技术新知识,或实质性改进技术、工艺、产品(服务)而持续进行的具有明确目标的研究开发活动(系统性活动)"。不同的是,116号文进一步解释了研发活动的内涵,也原则性地规定常规升级或直接应用,不属于研发活动。119号文,则在新增创意设计可以加计扣除的同时,直接详细列明哪些不属于研发活动,不得加计扣除。

(一)新增创意设计支出可加计扣除

企业为获得创新性、创意性、突破性的产品进行创意设计活动而发生的相关费用,可按照规定进行税前加计扣除。

创意设计活动是指多媒体软件、动漫游戏软件开发,数字动漫、游戏设计制作;房屋建筑工程设计(绿色建筑评价标准为三星)、风景园林工程专项设计;工业设计、多媒体设计、动漫及衍生产品设计、模型设计等。

(二)不属于研发活动的项目

1. 企业产品(服务)的常规性升级;
2. 对某项科研成果的直接应用,如直接采用公开的新工艺、材料、装置、产品、服务或知识等;
3. 企业在商品化后为顾客提供的技术支持活动;
4. 对现存产品、服务、技术、材料或工艺流程进行的重复或简单改变;
5. 市场调查研究、效率调查或管理研究;

6. 作为工业（服务）流程环节或常规的质量控制、测试分析、维修维护；

7. 社会科学、艺术或人文学方面的研究。

三、不再限制研究技术范围

116 号文规定企业从事《国家重点支持的高新技术领域》和国家发展和改革委员会等部门公布的《当前优先发展的高技术产业化重点领域指南（2007 年度）》规定项目的研究开发活动，才可以加计扣除。119 号文，则没有上述限制。

四、研发费用扩围与限制并举

不是纳税人会计记录的研发费用都可以加计扣除，税法对研发费用的范围进行了限定。119 号文新增外聘研发人员费用，扩大相关费用范围，但将相关费用限定在费用总额的 10% 以内。需要注意的是，科研用房的折旧，仍不在加计扣除之列。

119 号文将研发费用的分类更加条理化，具体包括：

（一）**人员人工费用**

直接从事研发活动人员的工资薪金、基本养老保险费、基本医疗保险费、失业保险费、工伤保险费、生育保险费和住房公积金，以及外聘研发人员的劳务费用。

（二）**直接投入费用**

1. 研发活动直接消耗的材料、燃料和动力费用；

2. 用于中间试验和产品试制的模具、工艺装备开发及制造费，不构成固定资产的样品、样机及一般测试手段购置费，试制产品的检验费；

3. 用于研发活动的仪器、设备的运行维护、调整、检验、维修等费用，以及通过经营租赁方式租入的用于研发活动的仪器、设备租赁费。

（三）非直接投入费用

新产品设计费、新工艺规程制定费、新药研制的临床试验费、勘探开发技术的现场试验费。

（四）折旧费用

用于研发活动的仪器、设备的折旧费。

（五）无形资产摊销

用于研发活动的软件、专利权、非专利技术（包括许可证、专有技术、设计和计算方法等）的摊销费用。

（六）扩大相关费用范围但限定金额

将116号文和70号文规定的资料费、翻译费、评审费等归入相关费用，并将相关费用的范围扩大到包括专家咨询费、高新科技研发保险费，研发成果的检索、分析、评议、论证、鉴定、评审、评估、验收费用，知识产权的申请费、注册费、代理费，差旅费、会议费等。但费用总额不得超过可加计扣除研发费用总额的10%。

五、合作开发没有变化

合作开发，没有变化，还是由合作各方就自身承担的研发费用分别按照规定计算加计扣除。

六、委托开发重大变化

委托开发，变化较大，体现在三个方面：

（一）限定委托开发扣除比例

119号文将委托开发的费用扣除比例，限定为80%，按照费用实际发生额的80%计入委托方研发费用并计算加计扣除。也就是说，如果委托开发支出是100万元，能作为研发费用的只是80万元，可以扣除的费用是120万元。受托方不得再进行加计扣除。委托外部研究开发费用实际发生额应按照独立交易原则确定。

116号文件没有限定委托开发的扣除比例。

（二）非关联方不再要求提供明细

根据 116 号文，对委托开发的项目，受托方应向委托方提供该研发项目的费用支出明细情况，否则，该委托开发项目的费用支出不得实行加计扣除。这对许多纳税人而言，比较麻烦。119 号文则规定委托方与受托方存在关联关系的，受托方应向委托方提供研发项目费用支出明细情况。也就是说，非关联关系，不必提供明细。

（三）委托境外研发不得加计

119 号文规定，企业委托境外机构或个人进行研发活动所发生的费用，不得加计扣除。

七、集团组织研发基本没变

119 号文延续 116 号文关于企业集团集中研发的项目，其实际发生的研发费用，可以按照权利和义务相一致、费用支出和收益分享相配比的原则，合理确定研发费用的分摊方法，在受益成员企业间进行分摊，由相关成员企业分别计算加计扣除。但是废止了 116 号文关于税企就分摊金额发生分歧时由总局或省局裁决的规定。

八、会计核算要求

119 号文对会计核算有以下三点要求：

1. 按会计制度对研发支出进行会计处理；
2. 加计扣除的支出，按项目设辅助账；
3. 不同项目，分别归集研发费用。

企业应对研发费用和生产经营费用分别核算，准确、合理归集各项费用支出，对划分不清的，不得实行加计扣除。

九、2015 年所得税汇缴是否执行

119 号文自 2016 年 1 月 1 日起执行。

2015 年所得税汇算清缴是否按照 119 号文执行？不应该按照 119 号文执行，因为尽管 2015 年所得税汇算清缴在 2016 年做，但

是相关事项都发生在 2015 年。当然，如果税务总局发文明确 2015 年汇算清缴适用 119 号文，则另当别论。

119 号文一个宽容的规定是，符合规定的研发费用加计扣除条件而在 2016 年 1 月 1 日以后未及时享受该项税收优惠的，可以追溯享受并履行备案手续，追溯期限最长为三年。能不能追溯到 2016 年之前？应该不能。

十、潜在风险

119 号文规定，税务部门应加强研发费用加计扣除优惠政策的后续管理，定期开展核查，年度核查面不得低于 20%。

6. 技术转让所得优惠放宽　非独占许可能享减免

　　为了促进技术进步，财政部和国家税务总局不断扩大技术转让享受所得税优惠的范围。本文结合对《关于许可使用技术转让所得企业所得税有关问题的公告》(国家税务总局公告2015年第82号，以下简称82号公告)和《财政部国家税务总局关于将国家自主创新示范区有关税收试点政策推广到全国范围实施的通知》(财税[2015]116号，以下简称116号文件)及有关文件的分析，介绍技术转让所得税优惠政策的有关规定。本文包括以下内容：

　　一、技术转让所得优惠的扩围过程
　　二、享受优惠的技术范围和纳税人范围
　　三、技术转让应纳税所得的计算
　　四、技术转让所得优惠的管理
　　五、技术转让所得优惠的限制规定
　　六、如何把握82号公告执行时间
　　七、享受技术转让所得优惠注意问题

一、技术转让所得优惠的扩围过程

技术转让所得的所得税优惠政策，在对"技术转让"的界定上，有个自转让所有权和5年以上全球独占许可，到非独占许可的变化过程。

（一）企业所得税法及实施条例的一般规定

《企业所得税法》第27条规定，符合条件的技术转让所得，可以免征、减征企业所得税。《企业所得税法实施条例》第90条规定，一个纳税年度内，居民企业技术转让所得不超过500万元的部分，免征企业所得税，超过500万元的部分，减半征收企业所得税。

但是，税法和实施条例没有界定技术转让到底指什么，是转让所有权还是使用权。

（二）技术转让范围：所有权或5年以上全球独占许可

财政部和国家税务总局在2010年下发的《关于居民企业技术转让有关企业所得税政策问题的通知》（财税［2010］111号，以下简称111号文件），规定了享受优惠政策的技术转让范围：转让技术的所有权或5年以上（含5年）全球独占许可使用权。

5年以上全球独占许可，标准非常严格。

（三）技术转让范围：非独占许可

116号文和82号公告规定，自2015年10月1日起，全国范围内的居民企业转让5年（含，下同）以上非独占许可使用权取得的技术转让所得，纳入享受企业所得税优惠的技术转让所得范围。转让非独占许可使用权也可以享受所得税优惠，之前仅限于国家自主创新示范区。

非独占许可也可以享受优惠，这更切合技术转让的实际情况。

二、享受优惠的技术范围和纳税人范围

比技术转让的范围更基本的一个问题是，如何把握技术范围和

纳税人范围。

（一）享受优惠的技术范围

111号文件规定，技术转让的范围，包括：

1. 转让专利技术；
2. 转让计算机软件著作权；
3. 转让集成电路布图设计权；
4. 转让植物新品种、生物医药新品种；
5. 财政部和国家税务总局确定的其他技术。

其中，专利技术，是指法律授予独占权的发明、实用新型和非简单改变产品图案的外观设计。

（二）非独占许可所有权的界定

企业转让符合条件的5年以上非独占许可使用权的技术，限于其拥有所有权的技术。技术所有权的权属由国务院行政主管部门确定。具体为：

1. 专利由国家知识产权局确定权属；
2. 国防专利由总装备部确定权属；
3. 计算机软件著作权由国家版权局确定权属；
4. 集成电路布图设计专有权由国家知识产权局确定权属；
5. 植物新品种权由农业部确定权属；
6. 生物医药新品种由国家食品药品监督管理总局确定权属。

（三）享受优惠的纳税人范围

企业所得税的纳税人分为居民纳税人和非居民纳税人。尽管企业所得税法的相关规定中，没有明确享受优惠的纳税人主体，但是在实施条例中明确只有居民纳税人才可以享受优惠。

如果非居民纳税人向境内的居民纳税人转让技术，应按照税法或税收协定的规定，征收企业所得税。按照税收协定的规定，技术转让按照特许权使用费条款的规定执行。

三、技术转让应纳税所得的计算

如何计算所得？转让所有权和转让使用权，计算方法不完全一样。

（一）计算所得：转让所有权

《国家税务总局关于技术转让所得减免企业所得税有关问题的通知》（国税函〔2009〕212号，以下简称212号文件）规定了转让所有权所得的计算方法：

技术转让所得＝技术转让收入－技术转让成本－相关税费

技术转让收入是指当事人履行技术转让合同后获得的价款，不包括销售或转让设备、仪器、零部件、原材料等取得的非技术性收入。不属于与技术转让项目密不可分的技术咨询、技术服务、技术培训等收入，不得计入技术转让收入。

技术转让成本是指转让的无形资产的净值，即该无形资产的计税基础减除在资产使用期间按照规定计算的摊销扣除额后的余额。

相关税费是指技术转让过程中实际发生的有关税费，包括除企业所得税和允许抵扣的增值税以外的各项税金及其附加、合同签订费用、律师费等相关费用及其他支出。

（二）计算所得：转让使用权

转让5年以上非独占许可使用权的技术转让所得，计算相对复杂，按以下方法计算：

技术转让所得＝技术转让收入－无形资产摊销费用－相关税费－应分摊期间费用

技术转让收入是指转让方履行技术转让合同后获得的价款，不包括销售或转让设备、仪器、零部件、原材料等取得的非技术性收入。不属于与技术转让项目密不可分的技术咨询、技术服务、技术培训等收入，不得计入技术转让收入。

技术许可使用权转让收入，应按转让协议约定的许可使用权人应付许可使用权使用费的日期确认收入的实现。需要注意的是，按照协议约定日期确认收入，不是权责发生制，这与财务处理有区别。

无形资产摊销费用是指该无形资产按税法规定当年计算摊销的费用。涉及自用和对外许可使用的，应按照受益原则合理划分。

相关税费是指技术转让过程中实际发生的有关税费，包括除企业所得税和允许抵扣的增值税以外的各项税金及其附加、合同签订费用、律师费等相关费用。

应分摊期间费用（不含无形资产摊销费用和相关税费）是指技术转让按照当年销售收入占比分摊的期间费用。

（三）可以计入转让收入的咨询、服务和培训收入

转让技术后，难免提供有关的技术咨询、技术服务和技术培训。212号文的规定，为将技术咨询、服务和培训收入，计入转让收入，埋下了伏笔。《关于技术转让所得减免企业所得税有关问题的公告》（国家税务总局公告2013年第62号，以下简称62号公告）明确了技术咨询、技术服务、技术培训收入计入技术转让收入，应同时必备的三个条件：

1. 转让方为使受让方掌握所转让的技术投入使用、实现产业化而提供的必要的技术咨询、技术服务、技术培训产生的收入；

2. 在技术转让合同中约定的与该技术转让相关的技术咨询、技术服务、技术培训；

3. 技术咨询、技术服务、技术培训收入与技术转让项目收入一并收取价款。

四、技术转让所得优惠的管理

2015年及以后年度企业所得税优惠政策事项办理的有关规定发

生了重大变化。根据《企业所得税优惠政策事项办理办法》（国家税务总局公告 2015 年第 76 号）的规定，纳税人应当自行判断其是否符合税收优惠政策规定的条件，凡享受企业所得税优惠的，应当按照规定向税务机关履行备案手续，妥善保管留存备查资料。

纳税人就"符合条件的技术转让所得减免征收企业所得税"优惠事项备案时，应提交备案资料：企业所得税优惠事项备案表、所转让技术产权证明。

与以前的做法相比，备案手续更加简便，不过，纳税人还需要自行妥善保管留存备查资料。技术转让所得减免征收企业所得税留存备查资料主要有：

1. 所转让的技术产权证明。

2. 企业发生境内技术转让：

（1）技术转让合同（副本）；

（2）省级以上科技部门出具的技术合同登记证明；

（3）技术转让所得归集、分摊、计算的相关资料；

（4）实际缴纳相关税费的证明资料。

3. 企业向境外转让技术：

（1）技术出口合同（副本）；

（2）省级以上商务部门出具的技术出口合同登记证书或技术出口许可证；

（3）技术出口合同数据表；

（4）技术转让所得归集、分摊、计算的相关资料；

（5）实际缴纳相关税费的证明资料；

（6）有关部门按照商务部、科技部发布的《中国禁止出口限制出口技术目录》出具的审查意见。

4. 转让技术所有权的，其成本费用情况；转让使用权的，其无形资产摊销费用情况。

5. 技术转让年度，转让双方股权关联情况。

纳税人留存备查资料的保存期限为享受优惠事项后 10 年，税法规定与会计处理存在差异的优惠事项，保存期限为该优惠事项有效期结束后 10 年。纳税人应当在税务机关要求时，按限期提供留存备查资料，以证明其符合税收优惠政策条件。纳税人不能提供留存备查资料，或者留存备查资料与实际生产经营情况、财务核算、相关技术领域、产业、目录、资格证书等不符，不能证明企业符合税收优惠政策条件的，税务机关将追缴其已享受的减免税款，并按照税收征管法规定处理。

五、技术转让所得优惠的限制规定

也许是为了防止纳税人滥用此项税收优惠政策，111 号文件规定了享受优惠的例外措施，即：

居民企业从直接或间接持有股权之和达到 100% 的关联方取得的技术转让所得，不享受技术转让减免企业所得税优惠政策。

六、如何把握 82 号公告执行时间

根据 82 号公告第 5 条，该公告自 2015 年 10 月 1 日起施行。自实施之日起，企业转让 5 年以上非独占许可使用权确认的技术转让收入，按 82 号公告执行。

根据上述规定，即使在 2015 年 10 月 1 日之前，签署转让 5 年以上非独占许可使用权合同，在 10 月 1 日之后取得转让收入，也可以享受政策。

如果甲公司 2015 年 1 月 1 日与乙公司签署 5 年以上非独占许可使用权转让合同，每月收入 100 万元，扣除有关成本费用，所得是 80 万元；假定各月情况相同，则其 10 月、11 月、12 月的所得共 240 万元，可以享受免税待遇。

其他相关问题，仍按照212号文件、111号文件、62号公告的规定执行。

七、享受技术转让所得优惠注意问题

为充分享受技术转让所得的优惠政策，应注意以下几点：

（一）**合同签署**

1. 合同内容

在签署技术转让合同时，一定要把今后可能发生的咨询、服务、培训写入合同，并将其收入也一并收取，以便将咨询、服务和培训收入计入转让收入。

2. 执行时间

如果是转让独占许可，合同执行时间必须在5年以上。哪怕实际短于5年，也要签署5年以上的合同，将前几年的收入平摊到以后几年。

3. 收款时间

独占许可合同收入的确认，是合同约定的收款时间，可以尽量将合同约定的收款时间提前，这样可以按照税法的规定，尽早确认收入、提前享受优惠政策。

（二）**财务处理**

在财务处理上，尽量独立核算，以便有足够的证据支持所得的计算结果。

（三）**税局备案**

及时到技术合同登记部门、商务部门等办理有关手续，准备有关资料，最晚在所得税年度纳税申报前，到税局办理备案手续。只有办理了备案手续，材料完整真实，才可以将技术转让所得的优惠政策落实到位。

7. 境外分行境内利息：支付方不扣税 总机构不重征

—— 国家税务总局 2015 年第 47 号公告解读

境内的许多银行在境外设有分行，境外分行也有对境内企业贷款并从境内取得利息收入的情况，涉及的所得税问题，至少包括：支付方是否扣缴企业所得税？如果被扣税，总行在汇总纳税时，如何避免重复征税？国家税务总局 2015 年下发的《关于境内机构向我国银行的境外分行支付利息扣缴企业所得税有关问题的公告》（国家税务总局公告 2015 年第 47 号，以下简称 47 号公告）圆满解决了一直困扰广大银行的、境外分行境内利息重复征税的问题。本文结合对 47 号公告的解读，分析以下问题：

一、境外分行：非居民待遇与居民身份的矛盾与问题

二、47 号公告对境外分行身份与待遇的统一

三、境外分行利息收入的两种例外情况及注意事项

四、47 号公告的启示：法规终将顺应法理

一、境外分行：非居民待遇与居民身份的矛盾与问题

我国银行的境外分行，自境内取得的利息收入，涉及以下三个企业所得税问题：

如何确定境外分行的身份，是居民企业还是非居民企业？

境内借款人支付利息时，是否扣缴企业所得税？

境内总行在计算企业所得税时，能否抵免被扣缴的所得税？

针对上述问题，国家税务总局都有相关规定，但是却造成了境外分行身份与待遇的矛盾，导致总行被重复征税。

（一）境外分行的非居民待遇

关于境外分行来自境内的利息，《国家税务总局关于加强非居民企业来源于我国利息所得扣缴企业所得税工作的通知》（国税函[2008]955号，以下简称955号文）规定："我国境内机构向我国银行的境外分行支付的贷款利息，应按照企业所得税法及其实施条例规定代扣代缴企业所得税。"

955号文是一个关于非居民企业的文件，其关于支付境外分行利息扣缴企业所得税的规定，实际是把境外分行当成非居民企业了。

（二）境外分行的居民身份

《国家税务总局关于境外分行取得来源于境内利息所得扣缴企业所得税的通知》（国税函[2010]266号，以下简称266号文）规定："属于中国居民企业的银行在境外设立的非法人分支机构同样是中国的居民，该分支机构取得的来源于中国的利息，不论是由中国居民还是外国居民设在中国的常设机构支付，均不适用我国与该分支机构所在国签订的税收协定，应适用我国国内法的相关规定，即按照《国家税务总局关于加强非居民企业来源于我国利息所得扣缴企业所得税工作的通知》（国税函[2008]955号）文件办理。"

266号文的规定，明确境外分行是中国的居民企业。

（三）待遇与身份的矛盾与问题

955 号文与 266 号文造成了境外分行待遇与身份的矛盾。既然是中国的居民企业，怎么按照非居民企业管理，扣缴所得税呢？

这种矛盾，还造成了对这笔利息重复征税的问题。

根据《财政部、国家税务总局关于企业境外所得税收抵免有关问题的通知》（财税［2009］125 号）的规定，境外分行的利息收入，应该计入总行的收入，一并征收所得税。但是根据《国家税务总局关于发布〈企业境外所得税收抵免操作指南〉的公告》（国家税务总局公告 2010 年第 1 号），境外所得在境外缴纳的税收，提交有关凭证，才可以抵免；境外分行的境内所得，在境内被扣缴的所得税，是无法抵免的。这就导致这笔利息，在支付时，被扣缴了中国的企业所得税，在并入总行的收入时，又被征收所得税，且不能抵免，从而导致了重复征税。

二、47 号公告对境外分行身份与待遇的统一

（一）境外分行身份与待遇矛盾的两种处理方式

如何解决境外分行身份与待遇的矛盾？有两种方法：

一是按照非居民处理，自境内取得利息时，继续被扣缴企业所得税，但是在总行缴纳企业所得税时，给予抵免待遇；

二是按照居民处理，自境内取得利息时，不再扣缴企业所得税，由总行统一缴纳。

无论从法理还是从征管的角度，第二种方案都是较好的选择。

在国际税收协定中，分支机构都是其总机构在他国的常设机构，不是其所在国的居民，而是其总机构所在国的居民。《国家税务总局关于印发〈中华人民共和国政府和新加坡共和国政府关于对所得避免双重征税和防止偷漏税的协定〉及议定书条文解释的通知》（国税发［2010］75 号）第 4 条也明确规定："中国居民企业设在第三国

的常设机构是该居民企业的组成部分,不属于第三国居民,其从新加坡取得的所得适用本协定的规定。"

从征管的角度,支付利息时扣税,总机构再抵免,没有意义。

47号公告选择了既符合现有规定,又便于征管的第二种方法。

(二)47号公告的具体规定

47号公告,明确了以下三个问题,实现了境外分行身份与待遇的完美统一。

1. 对境外分行的界定

境外分行是指我国银行在境外设立的不具备所在国家(地区)法人资格的分行。境外分行作为中国居民企业在境外设立的分支机构,与其总机构属于同一法人。

2. 境外分行境内利息收入的纳税义务

境外分行开展境内业务,并从境内机构取得的利息,为该分行的收入,计入分行的营业利润,按《财政部国家税务总局关于企业境外所得税收抵免有关问题的通知》(财税[2009]125号)的相关规定,与总机构汇总缴纳企业所得税。

3. 支付利息不扣税

境内机构向境外分行支付利息时,不代扣代缴企业所得税。

上述三项规定中,最重要的是第3项,这是完美解决身份与待遇矛盾的关键。

三、境外分行利息收入的两种例外情况及注意事项

尽管47号公告解决了境外分行身份与待遇的矛盾,但是为避免漏洞,也同时规定,如果境外分行的利息收入实际是别人的,不应该是境外分行的,则或者不能转到境外,或者应该扣税。具体有两种情况:

（一）不得将境内纳税人的利息转到境外

境外分行从境内取得的利息，如果据以产生利息的债权属于境内总行或总行其他境内分行的，该项利息应为总行或其他境内分行的收入。总行或其他境内分行和境外分行之间应严格区分此类收入，不得将本应属于总行或其他境内分行的境内业务及收入转移到境外分行。

（二）代收的其他非居民利息应扣税

境外分行从境内取得的利息如果属于代收性质，据以产生利息的债权属于境外非居民企业，境内机构向境外分行支付利息时，应代扣代缴企业所得税。

判定利息收入属于谁，关键是看用于发放贷款的资金，资金实际是谁的，债权实际就是谁的。如果境内银行或境外其他非居民银行将资金借给境外分行，境外分行再将这笔资金贷予境内企业使用，有可能被认为是转移利息或代收利息。

四、47号公告的启示：法规终将顺应法理

47号公告的出台，解决了境外分行身份与待遇的矛盾，处理方式也选择了符合税收协定常规、常理的做法。这说明，矛盾终将解决，法规终将顺应法理。

类似47号公告的规定还有很多，近年出台的几项重要法规，也体现了法规顺应法理的逻辑。仅举三例：

降低股权收购、资产收购享受特殊重组待遇门槛的《财政部国家税务总局关于促进企业重组有关企业所得税处理问题的通知》（财税〔2014〕109号）；

解决非货币资产投资没有现金纳税，允许分5年递延纳税的《财政部国家税务总局关于非货币资产投资企业所得税政策问题的通知》（财税〔2014〕116号）；

允许四大类金融商品转让盈亏互抵的《关于金融商品转让业务有关营业税问题的公告》（国家税务总局公告2013年第63号）。

这些法规的共同特点是，规定更加合理，更加有利于促进企业的发展。

在制定法规时，依据什么？为了什么？

依据法理，为了制度的合理。在制定法规时，应依据法理决定如何处理。如果法规不符合法理，不符合大多数人的价值理念，难说是良规。如果法规不合理，法规就该修改了。许多法规的修改，都是因为不合理。重组的门槛太高，许多纳税人享受不到重组的待遇，所以降低门槛；非货币资产投资，没有现金缴税，所以分5年递延；买卖商品，股票的亏损不能抵债券的盈利，不合理，所以允许四大类金融商品转让盈亏互抵。

作为纳税人，在遵循税法的过程中，如果感觉到规定不合理，可以向财税主管部门反映，争取修改有关规定。建立一套科学合理的税收制度体系，是征纳双方的共同责任，是法规制定者与法规遵循者的共同心愿。

个人所得税

个人杂忆

8. 个人非货币资产投资所得税：政策与征管 守法与用法

关于个人非货币资产投资涉及的个人所得税问题，国家税务总局基于《关于个人非货币资产投资有关个人所得税政策的通知》（财税〔2015〕41号，以下简称41号文件），制定了《关于个人非货币资产投资有关个人所得税征管问题的公告》（国家税务总局公告2015年第20号，以下简称20号公告）。41号文件和20号公告可以说是姊妹篇，41号文件属于政策性法规，规定个人非货币资产投资，可以分期纳税，解决纳税人缺乏现金纳税的问题；20号公告属于征管性法规，解决具体执行中的有关问题，如何确定主管税局等。

本文基于41号文件和20号公告，主要分析以下问题：

一、非货币资产和投资的类型

二、非货币资产投资的双重性——转让与投资

三、如何计算非货币资产投资的应税所得？

四、如何确认收入实现？

五、分期纳税——优惠政策的主要内容

六、扣缴还是自行申报？

七、如何确定主管地税局？

八、被投资企业的义务

九、执行时间

十、需要明确的问题

十一、如何运用该项政策

一、非货币资产和投资的类型

非货币资产包括什么？投资又指哪些？

根据41号文件，非货币资产指：现金、银行存款等货币资产以外的资产，包括股权、不动产、技术发明成果以及其他形式的非货币性资产。

以非货币资产投资包括：以非货币资产出资设立新的企业，以及以非货币性资产出资参与企业增资扩股、定向增发股票、股权置换、重组改制等投资行为。

从以上规定可以看出，尽管非货币资产的范围比较宽泛，但是投资的范围是比较窄的，仅限于股权投资，这一点在41号文件第4条说得很清楚。该条规定："个人在分期缴税期间转让其持有的上述全部或部分股权，并取得现金收入的，该现金收入应优先用于缴纳尚未缴清的税款。"

如果拿自己的一项非货币资产，换取某家企业发行的债券，不在41号文件规定的投资范围内，也不应享受有关政策。

二、非货币资产投资的双重性——转让与投资

征收个人所得税的前提是取得所得，用现金投资是不征收个税的。对个人用非货币资产投资征税，是因为这种投资具有转让与投资的双重性。

41号文件规定："个人以非货币性资产投资，属于个人转让非货币性资产和投资同时发生。对个人转让非货币性资产的所得，应按照"财产转让所得"项目，依法计算缴纳个人所得税。"

如果直接转让非货币资产，无疑应按"财产转让所得"征收个人所得税；以非货币资产投资，在投资的同时，也转让了财产的所有权，是转让和投资同时发生，因此，应该按照"财产转让所得"征收个人所得税。

三、如何计算非货币资产投资的应税所得？

既然按照"财产转让所得"征收个人所得税，就应按照个人所得税法"财产转让所得"计算应税所得。

《个人所得税法》第6条规定："财产转让所得，以转让财产的收入额减除财产原值和合理费用后的余额，为应纳税所得额。"对非货币资产投资而言，关键是如何确定非货币资产的收入。41号文件规定："应按评估后的公允价值确认非货币性资产转让收入。非货币性资产转让收入减除该资产原值及合理税费后的余额为应纳税所得额。"

也就是说，非货币资产按照评估后的公允价值确认资产转让收入。这里需要注意的是，以非货币资产股权投资为例，这个公允价值应尽量与投资人在投资时计算在被投资企业权益的价格一致。

至于如何计算财产原值和合理税费，总局20号公告规定："非货币性资产原值为纳税人取得该项资产时实际发生的支出。纳税人无法提供完整、准确的非货币性资产原值凭证，不能正确计算非货币性资产原值的，主管税务机关可依法核定其非货币性资产原值。""合理税费是指纳税人在非货币性资产投资过程中发生的与资产转移相关的税金及合理费用。"

四、如何确认收入实现？

收入实现时间直接关系到纳税申报时间。41号文件规定："个人以非货币性资产投资，应于非货币性资产转让、取得被投资企业股权时，确认非货币性资产转让收入的实现。""个人应在发生上述应税行为的次月15日内向主管税务机关申报纳税。"

投资者只要取得被投资企业的股权，就应确认收入。如何判断取得被投资企业股权呢？41号文件和20号公告都没说，但借鉴企业所得税的规定，工商登记应该是最主要的依据，只要工商登记资料中承认了投资者的股东身份，投资者就应确认收入实现了。在收入实现的次月15日内,也就是15号之前,应向税局申报纳税。

五、分期纳税——优惠政策的主要内容

纳税需要用现金缴纳,但是投资者用非货币资产投资时,取得的是股权,没有现金缴税,这是困扰许多投资者的一个问题。41号文件的主要价值,就是允许分期纳税。

41号文件规定:"纳税人一次性缴税有困难的,可合理确定分期缴纳计划并报主管税务机关备案后,自发生上述应税行为之日起不超过5个公历年度内(含)分期缴纳个人所得税。"

这就大大缓解了纳税人没有现金缴纳个税的问题。20号公告确定的具体方式是:"应于取得被投资企业股权之日的次月15日内,自行制定缴税计划并向主管税务机关报送《非货币性资产投资分期缴纳个人所得税备案表》、纳税人身份证明、投资协议、非货币性资产评估价格证明材料、能够证明非货币性资产原值及合理税费的相关资料。"

纳税人分期缴税期间提出变更原分期缴税计划的,应重新制定分期缴税计划并向主管税务机关重新报送《非货币性资产投资分期缴纳个人所得税备案表》。

纳税人以非货币资产投资,可能不仅仅取得股权对价,还取得部分现金,根据41号文件,现金应优先缴税,不足缴纳的部分,再分期缴纳。在分期纳税期间,转让持有的全部或部分股权并取得现金收入的,现金优先纳税。

六、扣缴还是自行申报?

个人所得税一般是采用源泉扣缴的方式。但是根据20号公告,个人非货币资产投资应缴纳的个税,由纳税人自行向主管税局申报缴纳。

七、如何确定主管地税局?

对纳税人而言,缴税时,千万不能把税交错地方,如该交北京

东城地税局的，不要交给北京西城地税局。如果交错地方，有可能被重复征税，退税非常麻烦。

根据20号公告，非货币资产投资的个人，其相应的个税，不是交给自己平时打交道的地税局，而是根据非货币资产的类别，确定主管税局：

1. 以不动产投资的，不动产所在地的地税局为主管税局；

2. 以企业股权投资的，企业所在地的地税局为主管税局；

3. 以其他非货币资产投资的，被投资企业所在地的地税局为主管税局。

八、被投资企业的义务

纳税人是投资者，但是被投资企业有报告的义务。根据20号公告，"被投资企业应将纳税人以非货币性资产投入本企业取得股权和分期缴税期间纳税人股权变动情况，分别于相关事项发生后15日内向主管税务机关报告，并协助税务机关执行公务。"

九、执行时间

该项政策自2015年4月1日起施行。

对2015年4月1日之前发生的个人非货币性资产投资，尚未进行税收处理且自发生上述应税行为之日起期限未超过5年的，可在剩余的期限内分期缴纳其应纳税款。根据20号公告，纳税人应于20号公告下发之日起30日内向主管税务机关办理分期缴税备案手续。20号公告是4月8日下发的，也就是说2015年4月1日前，发生需要分期纳税的个人投资者，应在2015年5月8日前，到税局办理分期纳税备案手续。

十、需要明确的问题

无论是41号文件还是20号公告，都没有明确分期纳税与股权计税基础的关系。如何计算取得股权的计税基础？是根据非货币资产投资时公允价值一次确定，还是根据分期纳税的情况，分期计算？

比如：甲个人以原值 100 万元、公允价值 150 万元的不动产投资乙公司，所得是 50 万元，税款分 5 年缴纳，甲个人持有乙公司股权的计税基数是一次性确认为 150 万元，还是根据纳税情况分期确认？

读者也许还有印象，《关于非货币性资产投资企业所得税政策问题的通知》（财税〔2014〕116 号）中规定，根据纳税情况逐年调整股权的计税基础，如果 5 年平均纳税，股权的计税基础分别是 110 万元、120 万元、130 万元、140 万元、150 万元。

20 号公告规定："纳税人以股权投资的，该股权原值确认等相关问题依照《股权转让所得个人所得税管理办法（试行）》（国家税务总局公告 2014 年第 67 号发布）有关规定执行。"

67 号公告规定："以非货币性资产出资方式取得的股权，按照税务机关认可或核定的投资入股时非货币资产价格与取得股权直接相关的合理税费之和确认股权原值。"

既然 41 号文件和 20 号公告都没有明确应该分期确定股权的计税基础，笔者认为就一次确认吧。

十一、如何运用该项政策

纳税人可以分期纳税，但是在 5 年内分几期？根据 20 号公告所附的"非货币性资产投资分期缴纳个人所得税备案表"，允许分 5 期。但是每期是平均纳税吗？公告没有要求，所以，纳税人应该可以前期少缴点，后期多缴点。

2015 年 4 月 1 日之前发生的类似投资行为，可以在剩余期限内分期纳税。如何计算剩余期限？假定 2012 年 4 月 1 日发生非货币资产投资行为，截止到 2015 年 4 月 1 日，已经发生了 3 年，最晚可以在 2017 年 4 月 1 日之前，分期缴纳个税。纳税人应在 2015 年 5 月 8 日前，到税局办理分期纳税的备案手续。

9. 转增股本的个人所得税：征不征？如何征？

  财政部和国家税务总局在《关于将国家自主创新示范区有关税收试点政策推广到全国范围实施的通知》(财税〔2015〕116号，以下简称116号文)中，将国家自主创新示范区试点的四项所得税政策推广至全国范围实施，其中包括中小高新技术企业转增股本的个人所得税政策。以前的有关法规，也规定了转增股本的个税，为了让读者对转增股本的个税政策有个全面的了解，本文在解读116号文有关规定的基础上，结合《国家税务总局关于股份制企业转增股本和派发红股征免个人所得税的通知》(国税发〔1997〕198号，以下简称198号文)、《国家税务总局关于原城市信用社在转制为城市合作银行过程中个人股增值所得应纳个人所得税的批复》(国税函〔1998〕289号，以下简称289号文)、《国家税务总局关于进一步加强高收入者个人所得税征收管理的通知》(国税发〔2010〕54号，以下简称54号文)、《关于个人投资者收购企业股权后将原盈余积累转增股本个人所得税问题的公告》(国家税务总局公告2013年第23号，以下简称23号公告)的规定，分析企业转增股本过程中的个人所得税问题。本文包括以下问题：

  一、中小高新技术企业转增股本的个税政策

  二、转增股本没有个人所得税纳税义务的情况

  三、有关文件之间的关系

一、中小高新技术企业转增股本的个税政策

116号文的有关规定,包括以下问题:

(一)5年分期纳税优惠

自2016年1月1日起,全国范围内的中小高新技术企业以未分配利润、盈余公积、资本公积向个人股东转增股本时,个人股东一次缴纳个人所得税确有困难的,可根据实际情况自行制定分期缴税计划,在不超过5个公历年度内(含)分期缴纳,并将有关资料报主管税务机关备案。

(二)适用"利息、股息、红利所得"税目

个人股东获得转增的股本,按照什么税目征税?应按照"利息、股息、红利所得"项目,适用20%税率征收个人所得税。

(三)现金收入优先缴税

尽管可以分期纳税,但是如果将转增的股权转让,并取得现金收入的,则该现金收入应优先用于缴纳尚未缴清的税款。

(四)企业破产的所得税处理

在股东转让该部分股权之前,企业依法宣告破产,股东进行相关权益处置后没有取得收益或收益小于初始投资额的,主管税务机关对其尚未缴纳的个人所得税可不予追征。

那么,已经多征的税,退不退呢?尽管116号文没说,但是按照征管法的规定,应该可以申请退税。

(五)中小高新技术企业的条件

中小高新技术企业,需同时具备以下条件:

1.注册在中国境内,实行查账征收,经认定取得高新技术企业资格;

2.年销售额和资产总额均不超过2亿元;

3.从业人数不超过500人。

（六）享受有关股息差别化优惠

为了鼓励股东持有股票，按照持股时间长短，实行股息红利差别化个人所得税政策，根据《财政部国家税务总局证监会关于上市公司股息红利差别化个人所得税政策有关问题的通知》（财税［2015］101号，以下简称101号文）的规定，持股时间在1年以上的，股息红利免征个人所得税；持股时间在1个月以下的，股息红利全额征收个人所得税；持股时间在1个月到1年（含）的，股息红利减征50%个人所得税。

上市中小高新技术企业或在全国中小企业股份转让系统挂牌的中小高新技术企业，向个人股东转增股本，股东应纳的个人所得税，继续执行101号文的规定，不适用116号文规定的分期纳税政策。

二、转增股本没有个人所得税纳税义务的情况

根据116号文件，似乎未分配利润、盈余公积、资本公积转增股本都会产生个人所得税纳税义务。但是，结合198号文、289号文、23号公告和54号文的规定，以下情况的转增股本，没有个人所得税纳税义务：

（一）资本公积转增股本

根据198号文的规定，股份制企业用盈余公积金派发红股属于股息、红利性质的分配，对个人取得的红股数额，应作为个人所得征税。

但股份制企业用资本公积金转增股本不属于股息、红利性质的分配，对个人取得的转增股本数额，不作为个人所得，不征收个人所得税。

（二）股票溢价发行形成的资本公积转增股本

289号文进一步规定："198号文中所表述的'资本公积金'是指股份制企业股票溢价发行收入所形成的资本公积金。将此转增股本

由个人取得的数额不作为应税所得征收个人所得税。而与此不相符合的其他资本公积金分配个人所得部分，应当依法征收个人所得税。"

54号文再次明确："加强企业转增注册资本和股本管理，对以未分配利润、盈余公积和除股票溢价发行外的其他资本公积转增注册资本和股本的，要按照利息、股息、红利所得项目，依据现行政策规定计征个人所得税。"

根据上述规定，如果是股票溢价发行形成的资本公积，在转增注册资本时，有关股东没有个人所得税纳税义务。其原理在于，因溢价发行形成的资本公积，不是企业税后利润形成的，是股东投资形成的，转增资本不是股息分配，不应产生个人所得税纳税义务。

（三）包含在收购价中的资本公积等盈余积累转增资本

如果某公司股权被个人甲全部收购，该公司的资本公积、盈余公积、未分配利润等盈余积累100万元，原股东的成本是300万元，净资产是500万元，甲收购股权后，将盈余积累转增资本，是否有个人所得税纳税义务？根据23号公告的规定，涉及的个人所得税，根据收购价格的情况，分别按照以下方式处理：

1. 收购价高于净资产

新股东以不低于净资产价格收购股权的，也就是甲收购价在500万元以上，则企业原盈余积累已全部计入股权交易价格，新股东取得盈余积累转增股本的部分，不征收个人所得税。

由于收购价中包含盈余积累，对甲而言，无论是资本公积、盈余公积，还是未分配利润，都不再具有税收利润的性质，是甲自己投进来的，因此，转增股本，不应视为甲自该公司取得的税收利润，不会因此产生个人所得税纳税义务。

2. 收购价低于净资产

根据23号公告，新股东以低于净资产价格收购股权的，企业原盈余积累中，对于股权收购价格减去原股本的差额部分已经计入股权交易价格，新股东取得盈余积累转增股本的部分，不征收个人所得税；对于股权收购价格低于原所有者权益的差额部分未计入股权交易价格，新股东取得盈余积累转增股本的部分，应按照"利息、股息、红利所得"项目征收个人所得税。新股东以低于净资产价格收购企业股权后转增股本，应先转增应税的盈余积累部分，然后再转增免税的盈余积累部分。

上述表示非常晦涩，举例说明如下：

如果收购价在净资产500万元以下，比如480万元，480万元减去股权成本300万元的差额是180万元，高于原盈余积累，则盈余积累转增股本时，甲没有个人所得税纳税义务。

如果收购价是380万元，减去股权成本300万元的差额是80万元，低于盈余积累20万元，则盈余积累转增股本时，如果转增90万元，则20万元视同分配利润，按照股息所得缴纳20%的个人所得税，其余的70万元，不视同股息分配，不缴纳个人所得税。

三、有关文件之间的关系

116号文件、23号公告，以及54号、198号、289号文件之间形成一种相互补充的关系，构成相对完整的转增资本的个人所得税政策体系。

由于116号文件是最新的，针对同一问题，如果后发的文件与以前的文件不一致，按照"后文否前文"的惯例，即使后发的文件没有明确前发文作废，前文与后文矛盾的规定，也应被后发文作废。如何理解上述文件之间的关系？

（一）116号文件与其他文件并不矛盾

116号文并没有否定23号公告、54号文、198号文、289号文的规定。尽管116号文件是最新的，但是116号文是对中小高新技术企业转增股本的一种优惠规定，即对应该征税的，可以享受5年分期纳税的优惠。23号公告、54号文、198号文和289号文，是对转增股本不征税的规定，与116号文并不矛盾。凡是符合198号文、289号文、54号文、23号公告规定不征税的，按照不征税的规定执行；凡是应该征税，但是符合116号文件规定的5年分期纳税标准的，再执行5年分期纳税的规定。

（二）54号文、289号文与198号文规定的联系

企业计入资本公积的原因可能比较多，198号文一般性地规定用资本公积转增资本没有个人所得税纳税义务，但是289号文进一步解释，198号文提到的资本公积金限于股份制企业股票溢价发行收入所形成的资本公积金，54号文再次强调了这一限制。

从理论上分析，接受投资形成的资本公积再转增股份时，不能视同股息分配，不会产生个人所得税纳税义务。如果是接受捐赠或者是故意错计会计科目形成的资本公积，转增股本应视同股息分配。因此，资本公积转增股份不征税，应仅限于接受投资形成的资本公积。

10. 购买商业健康保险 个税之前如何扣除

购买商业健康保险支出，可以在计算缴纳个人所得税时，税前扣除。具体如何操作？《关于实施商业健康保险个人所得税政策试点有关征管问题的公告》（国家税务总局公告2015年第93号，以下简称93号公告）给出了具体的操作方式。关于商业健康保险的个人所得税优惠政策，在93号公告之前，有两份由财政部、国家税务总局、保监会联合下发的财税文件，分别是《关于开展商业健康保险个人所得税政策试点工作的通知》（财税［2015］56号，以下简称56号文）和《关于实施商业健康保险个人所得税政策试点的通知》（财税［2015］126号，以下简称126号文）。中国保险监督管理委员会作为行业管理部门，也下发了行业管理的两份规定，分别是《关于印发〈个人税收优惠型健康保险业务管理暂行办法〉的通知》（保监发［2015］82号）、《关于印发〈个人税收优惠型健康保险产品指引框架和示范条款〉的通知》（保监发［2015］118号）。本文结合56号文、126号文，93号公告，系统分析讲解关于购买商业保险个人所得税的政策和操作问题。包括以下内容：

一、政策规定

二、如何操作

三、有关问题

附件：试点地区名单

一、政策规定

56号文对购买商业保险的个人所得税政策,做了具体规定,包括以下几点:

(一)税前扣除

购买商业健康保险的支出,当年或当月计算个人所得税应纳税所得时,可以税前扣除。

(二)扣除限额

在税法规定的扣除限额之外,每年扣除2400元,每月扣除200元。

(三)哪类保险

必须是规定的商业健康保险产品,保险公司应按《保险法》规定程序上报保监会审批。个人购买时,具体参照保险公司产品介绍。

(四)适用人员

试点地区取得工资薪金所得、连续性劳务报酬所得的个人,也包括个体工商户、个人独资企业投资者、合伙企业合伙人和承包承租经营者。

(五)谁来购买

可以是个人购买,也可以是试点地区企事业单位统一购买。统一购买时,应分别计入员工个人工资薪金,视同个人购买。

(六)试点地区

试点地区包括北京、上海、天津、重庆四个直辖市,以及126号文列举的各省的试点城市。

(七)执行时间

自2016年1月1日起执行。

二、如何操作

(一)保单须有税优识别码

保险公司销售商业健康保险产品时,应在符合税收优惠条件的保单上注明税优识别码。税优识别码,是指为确保税收优惠商业健康保险保单的唯一性、真实性和有效性,由商业健康保险信息平台按照"一人一单一码"的原则对投保人进行校验后,下发给保险公司,并在保单上打印的数字识别码。

(二)个人提交保单和发票

个人自行购买符合规定的商业健康保险产品的,应当及时向扣缴义务人提供保单凭证。保单凭证必须有税优识别码。保险公司要为购买健康保险的个人开具发票和保单凭证,载明产品名称及缴费金额等信息,作为个人税前扣除的凭据。

(三)扣缴单位如何填写报表

扣缴单位自个人提交保单凭证的次月起,按照规定标准,在计算个人应纳税所得时,税前扣除。扣缴义务人在填报《扣缴个人所得税报告表》或《特定行业个人所得税年度申报表》时,应将当期扣除的个人购买商业健康保险支出金额,填至税前扣除项目"其他"列中,并同时填报《商业健康保险税前扣除情况明细表》。

(四)个体户等纳税人如何填写报表

个体工商户业主、企事业单位承包承租经营者、个人独资和合伙企业投资者自行购买符合规定的商业健康保险产品支出,预缴申报填报《个人所得税生产经营所得纳税申报表(A表)》、年度申报填报《个人所得税生产经营所得纳税申报表(B表)》时,应将税前扣除的支出金额填至"投资者减除费用"行,并同时填报《商业健康保险税前扣除情况明细表》。

(五)扣除额的确定

按月缴费的保单,扣除额是每月实缴保费,但最高不超过200元。按年一次性缴费的保单,扣除额是年度保费除以12后的金额,最高不超过200元。个体工商户业主、企事业单位承包承租经营者、个人独资和合伙企业投资者申报时，年度保费金额大于 2400 元的，按不超过 2400 元的标准填写；年度保费小于 2400 元的，按实缴保费填写。

三、有关问题

上述政策，在操作中有几个问题需要研究：

（一）扣不完能否结转

如果购买的商业保险，当年或当月扣不完，能否结转下年抵扣？目前没有可以结转的政策规定，不能结转抵扣。

（二）年度中间一次性缴纳是否可以结转

年度中间一次性购买，比如在 2016 年 5 月一次性花费 2400 元购买一商业保险，自 6 月起，每月扣除 200 元，能否在 2017 年 1 月至 5 月每月继续扣除 200 元？没有明确规定，但是也没有限制，应该可以。

附件：试点地区名单

一、北京市、上海市、天津市、重庆市。

二、河北省石家庄市、山西省太原市、内蒙古自治区呼和浩特市、辽宁省沈阳市、吉林省长春市、黑龙江省哈尔滨市、江苏省苏州市、浙江省宁波市、安徽省芜湖市、福建省福州市、江西省南昌市、山东省青岛市、河南省郑州市（含巩义市）、湖北省武汉市、湖南省株洲市、广东省广州市、广西壮族自治区南宁市、海南省海口市、四川省成都市、贵州省贵阳市、云南省曲靖市、西藏自治区拉萨市、陕西省宝鸡市、甘肃省兰州市、青海省西宁市、宁夏回族自治区银川市（不含所辖县）、新疆维吾尔自治区库尔勒市。

流转税

11. 认定为一般纳税人之前的进项税：有条件抵扣

增值税的管理主要包括四个问题：一般纳税人资格的管理、专用发票的管理、纳税申报的管理、税收优惠的管理，最重要的是专用发票的管理。

专用发票的管理包括发票的开具、抵扣等问题，其中抵扣的问题更加复杂，包括抵扣资格、抵扣凭证、抵扣时间、逾期抵扣、红字发票、发票丢失、不得抵扣、进项转出等诸多问题。

根据增值税的有关规定，只有增值税一般纳税人才可以抵扣进项税额。但是，有的纳税人在取得一般纳税人资格之前，也可能有进项税，这些进项税能否抵扣呢？《关于纳税人认定或登记为一般纳税人前进项税额抵扣问题的公告》（国家税务总局公告2015年第59号，以下简称59号公告）回答了上述问题。本文结合对59号公告的解读，分析、梳理与进项税额抵扣有关的问题，以帮助读者正确处理与抵扣有关的问题，规避损失，创造价值。本文包括以下问题：

一、纳税人的抵扣资格

二、取得资格前如何抵扣？

三、抵扣凭证和抵扣税额

四、抵扣条件和抵扣时间

五、逾期抵扣怎么办？

六、影响抵扣的红字发票

七、发票丢失如何处理

八、不得抵扣的情况

九、进项税转出

一、纳税人的抵扣资格

增值税纳税人分为一般纳税人和小规模纳税人,只有一般纳税人才有资格抵扣支付的进项税。也就是说,只有取得一般纳税人资格后,支付的进项税才可以抵扣;小规模纳税人在变成一般纳税人后,其在小规模纳税人期间支付的进项税,也不得抵扣。

二、取得资格前如何抵扣?

增值税一般纳税人应纳税额的计算,采用销项税额减去进项税额的方式,所以才有进项税抵扣,也就是自销项税额中减除的问题。

有的纳税人从开始设立到认定为一般纳税人期间,也会取得增值税扣税凭证,这些凭证,在企业成为一般纳税人之后,能否抵扣进项税?

(一)可以抵扣的条件

59号公告规定,满足以下两个条件,可以在认定或登记为一般纳税人后抵扣进项税额:

1. 未取得生产经营收入;
2. 未按照销售额和征收率简易计算应纳税额,申报缴纳增值税。

也就是说,没有收入,也没有按照简易征收方式计算申报,则其取得的进项税,可在取得一般纳税人资格后认证抵扣。

(二)取得收入了怎么办?

如果在取得一般纳税人资格前,已经取得收入,发生了纳税义务,则应按照小规模纳税人简易征收、计算纳税。

即使取得一般纳税人资格后,这部分进项税也不能再抵扣。

(三)取得收入,但是没缴税,怎么办?

如果取得收入,但是没有按照简易办法缴税,也不能在认定为一般纳税人之后,抵扣这部分进项税。

(四)59号公告的启示

为避免进项税不能抵扣的损失,纳税人在取得一般纳税人资格之前,如果已经开始经营,应合理规划自己的进项税和销项税。

合理安排自己的进项税,在取得一般纳税人资格之前,尽量减少购进,减少进项税。

合理安排自己的销项税,在开始经营后,应根据增值税关于纳税义务发生时间的规定,合理规划与客户的销售合同,争取将纳税义务发生时间和收入确定安排在取得一般纳税人资格之后。

三、抵扣凭证和抵扣税额

纳税人抵扣进项税,需要提供有关的凭证,这些凭证包括:

(一)从销售方或者提供方取得的增值税专用发票(含货物运输业增值税专用发票、税控机动车销售统一发票)上注明的增值税额;

(二)从海关取得的海关进口增值税专用缴款书上注明的增值税额;

(三)购进农产品,除取得增值税专用发票或者海关进口增值税专用缴款书外,按照农产品收购发票或者销售发票上注明的农产品买价和13%的扣除率计算的进项税额。计算公式为:

$$进项税额 = 买价 \times 扣除率$$

买价,是指纳税人购进农产品在农产品收购发票或者销售发票上注明的价款和按照规定缴纳的烟叶税。

购进农产品,按照《农产品增值税进项税额核定扣除试点实施办法》抵扣进项税额的除外。

(四)接受境外单位或者个人提供的应税服务,从税务机关或者境内代理人取得的解缴税款的中华人民共和国税收缴款凭证上注明的增值税额。

四、抵扣条件和抵扣时间

取得增值税抵扣凭证后,什么时间抵扣?对纳税人而言,抵扣时间越早,越利于缓解资金的压力。《国家税务总局关于调整增值税扣税凭证抵扣期限有关问题的通知》(国税函〔2009〕617号)规定了进项税的抵扣条件和抵扣时间。

(一)抵扣条件

到主管税局办理抵扣凭证认证且认证通过。

所谓认证,就是由税局通过发票管理系统,判定纳税人申请抵扣的凭证本身及其载明的内容是真还是假。通过认证的,凭证就是真的,可以抵扣;通不过的,不得抵扣。

(二)认证时间及抵扣时间

认证截止期限是有关凭证开具之日起180天以内,在认证通过的次月申报期内,向税局申报抵扣进项税。

假定某一般纳税人在2015年1月1日取得一张进项增值税专用发票,最迟应在2015年6月29日,而不是6月30日,到主管税局认证。如果认证通过,应该在7月15日之前,申报抵扣。

五、逾期抵扣怎么办?

如果没有在180天之内认证,是否就不能抵扣了?不是,能否抵扣是实体法问题,何时抵扣是程序法问题。即使没有按时认证,税法也规定了解决办法。《国家税务总局关于逾期增值税扣税凭证抵扣问题的公告》(国家税务总局公告2011年第50号,以下简称50号公告)规定了解决上述问题的情况、程序和条件。

(一)可以解决的情况

因客观原因导致未按期抵扣。

(二)可以解决的程序

经主管税局层报国家税务总局。

（三）可以解决的条件

经税务总局稽核比对相符。

（四）客观原因的具体情况

1. 自然灾害、社会突发事件等不可抗力；

2. 增值税扣税凭证被盗、抢，或者因邮寄丢失、误递；

3. 被有关司法、行政机关依法扣押；

4. 税务机关信息系统、网络故障；

5. 买卖双方因经济纠纷，未能及时传递；

6. 纳税人变更纳税地点，注销旧户和重新办理税务登记；

7. 企业办税人员未能办理交接手续；

8. 国家税务总局规定的其他情形。

六、影响抵扣的红字发票

发票是经济活动的凭证，纳税人取得的蓝字专用发票，可以作为抵扣的凭证，红字发票相当于以前的经济活动没有发生，取得红字发票，意味着可以抵扣的进项税减少了。红字发票是由蓝字发票的开具方开具的，如何开具红字发票？

《国家税务总局关于推行增值税发票系统升级版有关问题的公告》（国家税务总局公告2014年第73号，以下简称73号公告）规定了红字发票开具及其购进方进项税额的处理。

（一）开具红票的情况

一般纳税人开具增值税专用发票或货物运输业增值税专用发票（以下统称专用发票）后，发生以下情况，可以开具红字专用发票：

1. 销货退回；

2. 开票有误；

3. 应税服务中止；

4. 发票抵扣联、发票联均无法认证等情形但不符合作废条件；

5. 销货部分退回及发生销售折让。

（二）购买方申请开具红票及进项税处理

如果专用发票已交付购买方，购买方在增值税发票系统升级版中填开并上传《开具红字增值税专用发票信息表》或《开具红字货物运输业增值税专用发票信息表》。

对应的蓝字发票如果已经认证通过并已经抵扣，购进方应做进项税转出处理。

七、发票丢失如何处理

发票在邮寄或保管的过程中，可能丢失。发票丢失影响进项税抵扣，怎么办？

《国家税务总局关于简化增值税发票领用和使用程序有关问题的公告》（国家税务总局公告2014年第19号，以下简称19号公告）规定了发票丢失的处理方式，以避免纳税人不能抵扣进项税的损失。

（一）发票联和抵扣联都丢失了

此种情况又分为丢失前是否已经认证。

1. 丢失前已认证相符

如果丢失前已认证相符的，购买方可凭销售方提供的相应专用发票记账联复印件及销售方主管税务机关出具的《丢失增值税专用发票已报税证明单》或《丢失货物运输业增值税专用发票已报税证明单》，作为增值税进项税额的抵扣凭证。

2. 丢失前未认证

如果丢失前未认证的，购买方凭销售方提供的相应专用发票记账联复印件进行认证，认证相符的可凭专用发票记账联复印件及销售方主管税务机关出具的上述《证明单》，作为增值税进项税额的抵扣凭证。专用发票记账联复印件和《证明单》留存备查。

（二）只丢失抵扣联

一般纳税人丢失已开具专用发票的抵扣联，如果丢失前已认证相符的，可使用专用发票发票联复印件留存备查；如果丢失前未认证的，可使用专用发票发票联认证，专用发票发票联复印件留存备查。

（三）只丢失发票联

一般纳税人丢失已开具专用发票的发票联，可将专用发票抵扣联作为记账凭证，专用发票抵扣联复印件留存备查。

八、不得抵扣的情况

取得抵扣凭证是进项税抵扣的前提，但不是取得抵扣凭证就可以抵扣进项税。根据最新的关于增值税抵扣限制的规定，用于下列项目的进项税额不得抵扣。具体包括：

（一）用于简易计税方法计税项目、非增值税应税项目、免征增值税项目、集体福利或者个人消费。

（二）非正常损失的购进货物及相关的加工修理修配劳务或者交通运输业服务。

（三）非正常损失的在产品、产成品所耗用的购进货物（不包括固定资产）、加工修理修配劳务或者交通运输业服务。非正常损失，是指因管理不善造成被盗、丢失、霉烂变质的损失，以及被执法部门依法没收或者强令自行销毁的货物。

（四）接受的旅客运输服务。

第一项所称的用于简易计税项目、非应税项目等涉及的固定资产、专利技术、非专利技术、商誉、商标、著作权、有形动产租赁，仅指专用于上述项目。如果是既用于上述项目，也用于应税项目，则可以抵扣。

为什么上述情况不得抵扣进项税？因为没有相应的销项税与之匹配。

九、进项税转出

由于增值税实行购进扣税法,只要取得扣税凭证,就可以一次全额扣除。但是已经抵扣的进项税,如果发生不能抵扣的情况,则应做进项转出处理,从当期进项税额中扣减;如果无法确定进项税额,按实际成本计算应扣减的进项税额。

比如某一般纳税人2015年1月购进原材料一批,进项税60万元,这批原材料可以使用半年,但是60万元的进项税可以一次扣除。该一般纳税人在4月份被盗,丢失原材料一批,对应的进项税是10万元。如果4月份本来可以抵扣的进项税是30万元,被盗发生后,则应自4月份的进项税中,转出10万元,也即4月份可以抵扣的进项税是20万元。

12. 营改增又出利好　零税率范围扩大

就在营改增似乎渐渐淡出人们视线时，财政部和国家税务总局出台了《关于影视等出口服务适用增值税零税率政策的通知》(财税[2015]118号，以下简称118号文)，将向境外提供的广播影视的制作和发行服务、技术转让服务、离岸外包服务等，由免税改为零税率。对相关的营改增企业而言，这是一项重大利好。本文结合对118号文件的解读，分析以下问题：

一、新增适用零税率的营改增行业

二、免税和零税率有什么不同

三、出口退税政策两大问题：退税率和退税方式

四、出口价格偏高的管理

五、零税率、免税、放弃免税的选择

一、新增适用零税率的营改增行业

根据《财政部国家税务总局关于将铁路运输和邮政业纳入营业税改征增值税试点的通知》(财税[2013]106号,以下简称106号文)附件四,实行营改增的交通运输业、邮政业、现代服务业等诸多行业中,只有国际运输服务和向境外提供的设计服务,可以适用零税率。其他服务,如工程、矿产资源在境外的工程勘察勘探服务、会议展览地点在境外的会议展览服务等,适用免征增值税政策。

118号文将适用零税率的营改增服务范围进一步扩大,境内单位和个人向境外单位提供下列应税服务,适用增值税零税率政策:

(一)广播影视节目(作品)的制作和发行服务。

(二)技术转让服务、软件服务、电路设计及测试服务、信息系统服务、业务流程管理服务,以及合同标的物在境外的合同能源管理服务。

(三)离岸服务外包业务。离岸服务外包业务,包括信息技术外包服务(ITO)、技术性业务流程外包服务(BPO)、技术性知识流程外包服务(KPO)。

对上述服务的具体界定,按照106号文《应税服务范围注释》的规定执行。

二、免税和零税率有什么不同

增值税的免税和零税率,对纳税人的影响是不同的。

(一)对成本影响不同

免税,是指免于计算销项税额和应纳税额,免于向税务局缴纳增值税。但是,与免税收入对应的进项税,不能退还,也不能抵扣其他的销项税,只能计入成本。

零税率,是指计算与出口收入对应的销项税额,由于税率是零,与出口收入对应的销项税额也是零,意味着与出口收入对应的进项税额予以退还，或抵顶其他内销服务和货物的销项税。

由于小规模纳税人实行简易计税方式，即使出口零税率服务，也是采用免税的方式。

同样的出口收入，采取免税方式的，由于进项税不退还，而是计入成本，与出口收入对应的出口成本较高。

（二）程序难易不同

免税方式，无论是计算还是申报，都比较简单；零税率方式，无论是计算还是申报，都非常复杂。所以，现行政策规定，允许零税率纳税人放弃零税率，改为适用免税。

（三）对出口价格的影响不同

由于免税增加成本，而零税率可以降低成本，所以，由免税改为零税率后，由于成本下降，可以考虑降低出口服务的价格，以增强自己的价格竞争力。

假定某公司服务出口收入是100万元，有关的进项税是3万元，其他成本是70万元。在出口免税时，与出口对应的成本是73万元，在改为零税率之后，由于3万元可以退还，与出口收入对应的成本是70万元，因此即使将价格降低到97万元，也可以保持之前的利润水平。

三、出口退税政策两大问题：退税率和退税方式

适用零税率，意味着退还与出口收入有关的进项税。出口退税政策有两大问题：一是退税率，二是退税方式。

应税服务的退税率，就是其适用的增值税税率，目前是6%。而许多货物出口适用的退税率，低于征税税率。

退税方式，仅限于一般纳税人。小规模纳税人向境外提供适用增值税零税率的应税服务，实行免征增值税办法；有关的进项税不退还，计入出口成本。小规模纳税人的退税方式与其征税方式是对

应的,小规模纳税人征税时,进项税不能抵扣,出口时,进项税也不退还,只能采用免税不退税的方式。下面分析一般纳税人的退税方式。

(一)生产企业出口服务

如果一般纳税人生产企业向境外单位提供上述适用零税率的服务,实行免抵退税办法。

所谓免抵退税办法,是指计算出口企业的增值税应纳税额,本应退还的与出口收入对应的进项税,抵顶内销货物或服务的销项税,计算总的应纳税额。如果应纳税额是正数,不但不退税,还须缴纳增值税,应退还的与出口收入对应的进项税,通过减少应纳税额的方式解决。如果应纳税额是负数,则有退税的问题,但最多退与出口收入对应的进项税,不一定退还全部的负数税额。

下面通过一个小例子简单说明:

1. 缴税不退税

甲公司内销货物销项税17万元,内销营改增服务销项税是6万元,对外提供适用零税率的营改增服务是50万元,与出口收入对应的进项税是1万元,与内销货物和服务对应的进项税是15万元。

$$应纳税额 = 17+6-(15+1) = 23-16 = 7 万元$$

这种情况下,没有出口退税,因为应退还的1万元,直接抵顶销项税。

2. 退税额少于对应的进项税

如果与内销货物和服务对应的进项税不是15万元,而是22.5万元,则:

$$应纳税额 = 17+6-(22.5+1) = 23-23.5 = -0.5 万元$$

则可以退税0.5万元,应退还的另外0.5万元,抵顶内销的销项税。

3. 退税额恰好是对应的进项税

如果与内销货物和服务对应的进项税是 23 万元，则：

$$应纳税额 = 17+6-（23+1）= 23-24 = -1 万元$$

则恰好可以退税 1 万元。

4. 退税额只能是对应的进项税

如果与内销货物和服务对应的进项税是 24 万元，则

$$应纳税额 = 17+6-（24+1）= 23-25 = -2 万元$$

尽管应纳税额是 -2 万元，但只能退 1 万元。因为与出口收入对应的进项税是 1 万元，最多就退 1 万元。超过的部分，是内销货物和服务自身出现的负数，是不退税的。

（二）外贸企业外购服务出口

外贸企业将外购的适用增值税零税率应税服务出口的，实行免退税办法。

所谓免退税办法，就是免征出口收入的销项税，直接退还进项税。如某外贸公司外购服务再出口，假定出口收入是 150 万元，外购服务的进项税是 6 万元，则直接退还 6 万元进项税。

（三）外贸企业自己提供服务出口

外贸企业直接将适用增值税零税率的应税服务出口的，视同生产企业，连同其出口货物统一实行免抵退税办法。

四、出口价格偏高的管理

由于出口实行免税或零税率，如果境内客户与境外的进口商是关联关系，可以通过压低境内价格的方式，滥用出口退税政策，达到少计算销项税，少缴增值税的目的。

为堵塞这一漏洞，实行退（免）税办法的应税服务，如果主管税务机关认定出口价格偏高的,有权按照核定的出口价格计算退（免）税；核定的出口价格低于外贸企业购进价格的，低于部分对应的进

项税额不予退税,转入成本。

五、零税率、免税、放弃免税的选择

根据增值税的有关规定,纳税人可以放弃零税率,选择免税,也可以放弃免税,选择征税。

从上面的分析可以看出,零税率可以降低出口成本,最好不要放弃零税率。当然,由于零税率征管比较复杂,如果与出口服务对应的进项税较少,即使实行零税率,退税也不多,可以选择放弃零税率,实行免税。

尽管出口也可以放弃免税,但是如果放弃免税,需要自出口收入中分离计算销项税,减少出口收入。因此,不应放弃出口免税。

13. 债券资金可享统借统还优惠　差额征税合法有效凭证扩围

通过发行债券募集资金，然后用于下属企业，收取的利息能否享受统借统还不征收营业税优惠，经常是税企分歧，尤其是大型企业与地税局分歧的一个焦点。税局从法的角度，认为应该征税，因为按照当时的规定，资金来源仅限于金融机构，不包括发行债券取得的资金。纳税人则从理的角度，认为都是统借统还，应该同等对待。《关于明确营业税若干问题的公告》(国家税务总局公告2015年第92号，以下简称92号公告)，解决了债券资金享受统借统还营业税优惠的问题，同时也扩大了差额征税合法有效凭证的范围。本文结合对92号公告的解读，分析以下问题：

一、统借统还营业税优惠的内容、条件和问题

二、92号公告的内容

三、教训与规避——统借统还的一个案例

一、统借统还营业税优惠的内容、条件和问题

统借统还的营业税优惠,最早由财政部和国家税务总局《关于非金融机构统借统还业务征收营业税问题的通知》(财税字〔2000〕7号,以下简称7号文)做出规定,国家税务总局在《关于贷款业务征收营业税问题的通知》(国税发〔2002〕13号,以下简称13号文)中明确了有关问题。

(一)统借统还存在的问题——重复征税

7号文要解决的问题是,企业集团为解决下属中小企业贷款难的问题,不得不统一自银行借款,然后再贷给下属企业使用,并收取利息,用于支付给提供贷款的金融机构。在7号文出台前,集团自下属企业收取的利息,是要按照金融保险业缴纳5%营业税的。但缴税后,集团需要自己拿出资金,用于支付金融机构的利息。金融机构取得利息后,还得再缴纳5%的营业税。

(二)解决问题的方式——统借统还利息不征税

为解决上述矛盾,7号文明确:"对企业主管部门或企业集团中的核心企业等单位(以下简称统借方)向金融机构借款后,将所借资金分拨给下属单位(包括独立核算单位和非独立核算单位),并按支付给金融机构的借款利率水平向下属单位收取用于归还金融机构的利息不征收营业税。"

13号文进一步明确:"企业集团或集团内的核心企业(以下简称企业集团)委托企业集团所属财务公司代理统借统还贷款业务,从财务公司取得的用于归还金融机构的利息不征收营业税;财务公司承担此项统借统还委托贷款业务,从贷款企业收取贷款利息不代扣代缴营业税。"

(三)统借统还不征税的条件

享受统借统还不征收营业税政策,需要同时具备以下条件:

1. 资金来源

资金来源必须是金融机构的贷款。

2. 资金去向

必须是用于集团内的下属企业。至于是分公司还是子公司、持股比例多少，没有限制。

3. 不得加息

将资金用于下属企业时，可以收取利息，但是不得高于归还金融机构的利息。

（四）统借统还不征税的问题

统借统还不征税的问题，主要是资金来源限于金融机构贷款，而许多企业的资金来源多样化，尤其是通过发行票据直接融资的方式越来越常用，但是却不能享受优惠政策。

税务部门对此曾有过的解释是，金融机构贷款，对金融机构是征收营业税的；购买票据的单位，如果票据持有到期，是不征收营业税的，所以，通过发行票据募集资金统借统还，不能免征营业税。但是，购买票据的单位，很少有持有到期的，一般在到期前出售，只要出售，就按照买卖金融工具缴纳营业税。因此，税局所说不能享受优惠的理由与实际情况有一些差距。

二、92号公告的内容

92号公告的内容，一是扩大统借统还的资金来源范围，二是扩大差额征税的合法凭证范围。

（一）发债资金可享受统借统还营业税优惠

92号公告规定："企业集团或企业集团中的核心企业以发行债券形式取得资金后，直接或委托企业集团所属财务公司开展统借统还业务时，按不高于债券票面利率水平向企业集团或集团内下属单位收取的利息，按照《财政部　国家税务总局关于非金融机构统借统还业务征收营业税问题的通知》（财税字［2000］7号）和《国家税务总局关于贷款业务征收营业税问题的通知》(国税发［2002］13号)的规定,不征收营业税。"

92号公告,只是扩大了享受优惠的资金来源,关于利率、对象等的限制没有变化,纳税人应该注意。

(二)扩大差额征税的合法凭证范围

营业税不同于增值税,基本原则是按照收入全额征税。但是《营业税暂行条例》第5条规定了可以差额征税的情况,包括运输业、旅游业、建筑业的分包,金融工具的买卖等。《营业税暂行条例》第6条规定,差额征税,必须有合法有效凭证。目前地税局认可的合法有效凭证仅包括发票、财政票据、境外单位的款项签收票据。但在发生债务纠纷等情况时,纳税人取得的不动产难以拿到对方开具的发票。92号公告将合法有效凭证的范围,扩大到包括法院判决书、裁定书、调解书,以及仲裁裁决书、公证债权文书等。

三、教训与规避——统借统还的一个案例

某市地税局曾经查获一统借统还的案例。某集团公司一直将自银行的贷款不加息贷给下属企业使用。但后来换了个领导,感觉不加息有点冤,所以,自其上任后的统借统还,就开始加息,结果被税局查获后,补税罚款200多万元。

这个案例的教训是:第一,别碰政策的红线;第二,可以适当做税务筹划。比如,自银行借款1000万元,时间一年,利率8%;如果加息,按照9%收取利息,利差是10万元。但是1000万元全部加息,则90万元的利息都要缴纳营业税。可以筹划的是,其中800万元的贷款不加息,利息64万元,不征收营业税。但是另外的200万元加息,如果想多拿10万元的利息,利率可以提高到13%,利息是26万元,给银行16万元,剩10万元。这样就可以只对26万元利息缴纳营业税,另外的64万元,仍可以不征税。

资源税

後記跋

14. 煤炭资源税：征收问题明确　征纳风险降低
——国家税务总局 2015 年第 51 号公告解读

作为资源类产品，煤炭由于其相对特殊的生产、销售或一体化加工方式，其资源税的征收细节，有一些需要在政策上或技术上明确的问题。自 2015 年 8 月 1 日起执行的《关于发布〈煤炭资源税征收管理办法（试行）〉的公告》（国家税务总局公告 2015 年第 51 号，以下简称 51 号公告），明确了煤炭资源税在征收过程中的有关政策和技术问题。本文结合对 51 号公告的解读，分析以下问题：

一、煤炭资源税基本规定及原理

二、应税企业和应税煤炭

三、应税销售额的扣减项目

四、确定洗选煤折算率的方法

五、应税销售额的核定

六、移送煤炭数量的核定

七、计算应税销售额——节省税款与控制风险

一、煤炭资源税基本规定及原理

根据《财政部国家税务总局关于实施煤炭资源税改革的通知》(财税〔2014〕72号,以下简称72号文),煤炭资源税自2014年12月1日起,计征方式由从量定额改为从价定率,即:

$$应纳税额 = 应税煤炭销售额 \times 适用税率$$

纳税人将其开采的原煤加工为洗选煤销售的,以洗选煤销售额乘以折算率,作为应税煤炭销售额,计算缴纳资源税。

$$洗选煤应纳税额 = 洗选煤销售额 \times 折算率 \times 适用税率$$

适用税率实行2%—10%的浮动税率,具体由省级财税部门提出建议,报省政府拟定,省政府再报财政部和总局审批。但是跨省煤田的税率由财政部和总局确定。

资源税在本质上不是税,而是地租,实行浮动税率,有利于调节因资源禀赋不同造成的收入差距,调节级差收入,促进不同煤炭企业之间的公平竞争。

二、应税企业和应税煤炭

(一)应税企业

资源税对资源开采企业征收,因此,开采并销售煤炭的企业是纳税人。但开采没有销售,而是直接将煤炭深加工或用于其他用途的企业,尽管其最终产品不是煤炭,也是煤炭资源税纳税人。

开采煤炭并销售的,在销售环节纳税;开采并深加工的,在移送环节纳税。开采地与核算地不在一地的,在开采地纳税。

(二)应税煤炭

应税煤炭包括原煤和以未税原煤加工的洗选煤。

原煤是指开采出的毛煤经过简单选矸后的煤炭,以及经过筛选分类后的筛选煤等。

洗选煤是指经过筛选、破碎、水洗、风洗等物理化学工艺,去灰去矸后的煤炭产品，包括精煤、中煤、煤泥等，不包括煤矸石。

从上述规定可以看出，销售外购煤炭，不再缴纳资源税。

三、应税销售额的扣减项目

煤炭资源税从价定率后，关键是计税价格如何确定，是否就是计征增值税销项税的销售额？两者并不一致，资源税有诸多扣减项目。

（一）与煤炭自身价值不相关的扣减项目

为防止纳税人侵蚀税基逃税，增值税计税销售额包括收取的全部价款和价外费用。但是，煤炭资源税为体现级差地租的性质，把销售额限定在与煤炭自身有关的部分，可以自原煤及洗选煤销售额中，扣减以下项目：

1. 运输费用；
2. 建设基金；
3. 伴随运销产生的装卸、仓储、港杂等费用；
4. 增值税销项税额。

上述项目应与煤价分别核算，凡取得相应凭据的，允许在计算煤炭计税销售额时予以扣减。

运输费用一般是指从坑口到车站、码头或购买方指定地点的运输费用。

（二）自产原煤与外购原煤混合销售的扣减

纳税人将自采原煤与外购原煤(包括煤矸石)进行混合后销售的，应当准确核算外购原煤的数量、单价及运费，在确认计税依据时可以扣减外购相应原煤的购进金额。

计税依据 = 当期混合原煤销售额 - 当期用于混售的外购原煤的购进金额

外购原煤的购进金额 = 外购原煤的购进数量 × 单价

纳税人将自采原煤连续加工的洗选煤与外购洗选煤进行混合后销售的，比照上述有关规定计算缴纳资源税。

（三）自产原煤外购原煤混合加工洗选煤的扣减

纳税人以自采原煤和外购原煤混合加工洗选煤的，应当准确核算外购原煤的数量、单价及运费，在确认计税依据时可以扣减外购相应原煤的购进金额。

计税依据＝当期洗选煤销售额 × 折算率 － 当期用于混洗混售的外购原煤的购进金额

外购原煤的购进金额＝外购原煤的购进数量 × 单价

（四）扣减凭证

纳税人扣减当期外购原煤或者洗选煤购进额的，应当以增值税专用发票、普通发票或者海关报关单作为扣减凭证。

扣减运输费用、建设基金以及伴随运销产生的装卸、仓储、港杂等费用，也应有相应的凭证，具体包括有关发票或者经主管税务机关审核的其他凭据。

四、确定洗选煤折算率的方法

由于洗选煤是原煤加工后的产品，价格比原煤高一些，不能直接按照其实际销售额计税，需要进行折算，实际是要折算成原煤的销售额。51号公告在72号文件原则规定的基础上，规定了具体的折算方法：

洗选煤折算率由省、自治区、直辖市财税部门或其授权地市级财税部门根据煤炭资源区域分布、煤质煤种等情况确定。洗选煤折算率一经确定，原则上在一个纳税年度内保持相对稳定，但在煤炭市场行情、洗选成本等发生较大变化时可进行调整。

洗选煤折算率计算公式如下：

公式一：洗选煤折算率＝（洗选煤平均销售额 － 洗选环节平均成本 － 洗选环节平均利润）÷ 洗选煤平均销售额 ×100%

洗选煤平均销售额、洗选环节平均成本、洗选环节平均利润可按照上年当地行业平均水平测算确定。

公式二：洗选煤折算率＝原煤平均销售额÷（洗选煤平均销售额 × 综合回收率）×100%

原煤平均销售额、洗选煤平均销售额可按照上年当地行业平均水平测算确定。

综合回收率＝洗选煤数量÷入洗前原煤数量×100%

五、应税销售额的核定

计税销售额核定的情况及方法，基本采用了增值税的有关规定。

在以下两种情况下，税务机关可以核定销售额：

1. 纳税人申报的原煤或洗选煤销售价格明显偏低且无正当理由的；
2. 有视同销售应税煤炭行为而无销售价格的。

主管税务机关应按下列顺序确定计税价格：

1. 按纳税人最近时期同类原煤或洗选煤的平均销售价格确定；
2. 按其他纳税人最近时期同类原煤或洗选煤的平均销售价格确定；
3. 按组成计税价格确定：

组成计税价格＝成本×（1＋成本利润率）÷（1－资源税税率）

公式中的成本利润率由省、自治区、直辖市地方税务局按同类应税煤炭的平均成本利润率确定；

4. 按其他合理方法确定。

六、移送煤炭数量的核定

资源税计税依据是价格与数量的乘积，自产煤炭深加工，需要在移送时纳税，无法确定移送数量时，怎么办呢？也需要核定。

纳税人以自采原煤或加工的洗选煤连续生产焦炭、煤气、煤化工、电力等产品，自产自用且无法确定应税煤炭移送使用量的，可采取最终产成品的煤耗指标确定用煤量，即：煤电一体化企业可按照每千瓦时综合供电煤耗指标进行确定；煤化工一体化企业可按照煤化工产成品的原煤耗用率指标进行确定；其他煤炭连续生产企业可采取其产成品煤耗指标进行确定，或者参照其他合理方法进行确定。

七、计算应税销售额——节省税款与控制风险

对煤炭资源税纳税人而言，资源税改革后，最重要的就是准确计算计税销售额，这是依法节税与控制风险的共同需要。

（一）合同中分别列举煤炭价格和非煤炭收费

由于在确定煤炭计税价格时，可以自全部收入中扣减运费、基金、装卸等非煤炭收费，因此，在订立经济合同时，应将全部收费细化，分别列示，争取较低的计税价格、较低的资源税负担。

（二）确定应税销售额的三步法

根据51号公告的规定，纳税人可以按照以下顺序，确定计税销售额：

第一步：扣除非煤费用

自全部收入中，扣掉运费、基金、仓储、装卸、港杂等费用。

第二步：洗选煤折算

将洗选煤额收入折算成原煤收入。

第三步：扣除外购煤炭

自全部收入中，扣除外购的原煤或洗选煤。

当然，具体步骤，根据实际情况灵活处理。如果没有洗选煤收入，没有外购煤炭，一步就可以。

（三）保留相关凭证

无论是自收入中扣除非煤炭收入，还是扣除外购煤炭支出，都要保留相关的凭证，如发票、行政事业收费凭证、转账凭证、合同等。凡是可以证明相关扣除项目真实发生的各类凭证，都应认真保管，及时提交税局，这是享受扣除权利，避免以后被补税罚款的保证。

国际税收

国语语法

15. 非居民享受税收协定待遇：程序简化风险加大

——国家税务总局 2015 年第 60 号公告解读

为避免重复征税，鼓励跨境投资，中国已经与世界上 103 个国家和地区签订了税收协定（安排或合作）。根据这些协定，外国企业和个人，在中国从事经营活动，构成常设机构，才缴纳所得税。取得股息、利息、特许权使用费等非经营所得，也可以享受更低的税率。来自协定缔约方的非居民企业，应充分享受协定的优惠政策，合法降低自己的税收负担。

但是享受协定待遇，都有一定的条件，如必须是缔约方的居民纳税人，必须是股息、利息等的受益所有人。为了既方便纳税人享受协定待遇，又防止出现滥用税收协定的漏洞，国家税务总局 2015 年颁布了《关于发布〈非居民纳税人享受税收协定待遇管理办法〉的公告》（国家税务总局公告 2015 年第 60 号，以下简称 60 号公告）。60 号公告规定了非居民纳税人享受协定待遇的程序和应提交的有关资料，尤其是 60 号公告的 10 个附件，详细规定了非居民企业应提交各种资料的详细信息。本文结合税收协定的有关规定，对 60 号公告进行解读。主要包括以下问题：

一、60 号公告的变化及影响

二、60 号公告的适用范围

三、协定待遇及当事各方的界定

四、享受协定待遇的方式：由审批到备案

五、享受协定待遇的证明资料

六、享受协定待遇有关情况的处理

七、税务机关的后续管理方式

八、有关报告表的内容和重点

一、60号公告的变化及影响

60号公告与被废止的关于非居民享受税收协定待遇的国税发〔2009〕124号文件相比,有哪些变化,对纳税人有哪些启示?

(一)60号公告的主要变化

税务总局在对60号公告的解释中,认为60号公告的变化体现在以下几点:

1. 适用范围扩大

60号公告将适用范围扩大至税收协定的国际运输条款和国际运输协定。非居民纳税人享受税收协定和国际运输协定待遇,适用统一规范的管理流程。

2. 取消行政审批

60号公告取消了国税发〔2009〕124号文件关于享受协定待遇需要行政审批的规定,非居民纳税人自行判断是否符合享受协定待遇条件,如实申报并向主管税务机关报送相关报告表和资料,或向扣缴义务人提出并提供相关报告表和资料。

3. 简化报送资料

为享受协定待遇,非居民纳税人须提交两张表:《非居民纳税人税收居民身份信息报告表》和《非居民纳税人享受税收协定待遇情况报告表》。此外,纳税人可以自行提供有助于证明其可以享受协定待遇的其他资料。

4. 管理环节后移

取消事前审批,不是税务局放任不管,而是将管理环节后移,移到事后的监督检查。

(二)对纳税人的主要影响

基于60号公告的全部内容,尤其是其附件的内容,从纳税人的角度看60号公告,对纳税人而言,至少有以下影响:

1. 程序简化，风险加大

取消行政审批，对纳税人利弊兼备。有利的一面是，节省审批时间，便于及时享受待遇；不利的一面是，由纳税人自己把握能否享受待遇，一旦判断失误，风险很大。

2. 资料减少，内容增加

尽管只需要纳税人提交两张表，一张居民身份表，一张享受待遇情况报告表，但是后者根据享受不同条款的待遇，又分为四张表。而且每张表的内容非常详尽，几乎把目前与协定有关的法规，都体现在各自的表上，如同企业所得税年度纳税申报表。而且表的内容，与纳税申报表有勾稽关系，一旦不合适，就可能影响享受待遇。对非居民纳税人而言，为了享受协定待遇，减少潜在的风险，需要在准确全面掌握协定有关规定的基础上，非常认真地填写各种表格。

总之，60号公告的出台，对非居民纳税人和其扣缴义务人是机遇与风险并存，简单与复杂同在。

二、60公告的适用范围

60号公告的适用范围，包括以下三个问题：

（一）适用的协定范围

尽管60号公告的标题是关于享受税收协定待遇的管理办法，但是60号公告的适用范围不限于税收协定，具体包括：

对外签署的避免双重征税协定（含与香港、澳门特别行政区签署的税收安排，以下统称税收协定）；

对外签署的航空协定税收条款、海运协定税收条款、汽车运输协定税收条款、互免国际运输收入税收协议或换函（以下统称国际运输协定）。

也就是说包括税收协定及国际运输协定中的税收条款。

（二）适用的非居民范围

60号公告适用的非居民范围，既包括非居民企业，也包括非居民个人。

（三）适用的税种范围

非居民的概念，仅限于所得税适用，因此，60号公告适用的税种范围包括企业所得税和个人所得税。

不包括增值税、营业税等流转税。增值税和营业税，一般不是协定规定的内容，也没有单独针对外国企业的优惠，谈不上协定待遇的问题。

三、协定待遇及当事各方的界定

60号公告是关于协定待遇的管理办法，如何理解协定待遇？与60号公告有关的当事方，除非居民纳税人外，还有扣缴义务人、主管税务机关等。

（一）什么是协定待遇

协定待遇，是指按照税收协定或国际运输协定可以减轻或者免除按照国内税收法律规定应当履行的企业所得税、个人所得税纳税义务。

协定待遇就是不交税或少缴税的待遇。

（二）非居民纳税人

非居民纳税人，是指按国内税收法律规定或税收协定不属于中国税收居民的纳税人（含非居民企业和非居民个人）。

非居民纳税人与外国企业和外籍个人，不是一个概念。在中国负有缴纳所得税纳税义务的外国企业和外籍个人，才成为中国的非居民企业和非居民个人。

（三）扣缴义务人

扣缴义务人，是指按国内税收法律规定，对非居民纳税人来源于中国境内的所得负有扣缴税款义务的单位或个人，包括法定扣缴义务人和企业所得税法规定的指定扣缴义务人。

非居民企业应缴纳的所得税，尤其是股息、利息、特许权使用费等被动所得，一般是由扣缴义务人代扣代缴。

（四）主管税务机关

主管税务机关，是指按国内税收法律规定，对非居民纳税人在中国的纳税义务负有征管职责的国家税务局或地方税务局。

主管税务机关，不仅仅是国家税务局，非居民个人的所得税，主管税务局是地税局。

四、享受协定待遇的方式：由审批到备案

享受协定待遇，不再由税务局事先审批，而是由纳税人自行判定是否可以享受。如果可以享受，在自主申报或代扣代缴时，提交证明自己可以享受待遇的资料，就可以自行按照协定待遇申报纳税。这种管理方式，实际是一种备案管理的方式。

（一）自行申报享受待遇

非居民纳税人自行申报的，自行判断能否享受协定待遇，向主管税局报送有关资料和报表。

（二）扣缴申报享受待遇

源泉扣缴或指定扣缴的，非居民纳税人认为自身符合享受协定待遇条件，需要享受协定待遇的，应当主动向扣缴义务人提供有关报表和资料，扣缴义务人依协定规定扣缴，将资料和报表转交主管税务机关。

非居民纳税人未向扣缴义务人提出需享受协定待遇，或虽提出但不符合享受协定待遇条件的，扣缴义务人依国内税收法律规定扣缴。

五、享受协定待遇的证明资料

非居民纳税人自行申报的，应当就每一个经营项目、营业场所

或劳务提供项目分别向主管税务机关报送证明资料。源泉扣缴和指定扣缴情况下，如有多个扣缴义务人，应当向每一个扣缴义务人分别提供证明资料；各扣缴义务人在扣缴时，分别向主管税务机关报送相关报告表和资料。

享受协定待遇的证明资料，包括两类：

一是缔约对方居民身份的证明资料；

二是享受协定具体条款待遇的证明资料。

（一）居民身份的证明资料

是缔约对方的税收居民，这是享受协定待遇的前提，证明居民身份的资料包括以下几种：

1. 填写完整的《非居民纳税人税收居民身份信息报告表》。

2. 由协定缔约对方主管税局，在纳税申报或扣缴申报前一个公历年度开始以后，出具的税收居民身份证明。即在2015年享受协定待遇，身份证明必须是2014年开具的。

3. 享受税收协定待遇的运输企业，可以缔约对方运输主管部门在前一个公历年度出具的法人证明代替税收居民身份证明。

4. 享受国际运输协定待遇的个人，可以缔约对方政府签发的护照复印件代替税收居民身份证明。

第一种是必须提交的，第二、三、四根据各自的情况提交相应的证明。

（二）享受协定具体条款待遇的证明资料

协定有诸多条款，享受不同条款的待遇，需要填写不同的情况报告表，同时提交有关的证明资料。这些资料包括：

1. 《非居民纳税人享受税收协定待遇情况报告表》

不同的协定条款，有不同的报表，无论是非居民企业还是非居民个人，报告表均分为四类：

A 表：享受税收协定股息、利息、特许权使用费条款待遇适用；

B 表：享受税收协定常设机构和营业利润条款（独立个人劳务）待遇适用；

C 表：享受税收协定财产收益、其他所得条款待遇适用；

D 表：享受国际运输相关协定待遇适用。非居民个人还包括享受非独立个人劳务、演艺人员和运动员、退休金、政府服务、教师和研究人员、学生条款的协定待遇。

2. 与取得相关所得有关的合同、协议、董事会或股东会决议、支付凭证等权属证明资料。

3. 根据其他税收规范性文件，非居民纳税人享受待遇应当提交的证明资料。

4. 非居民纳税人认为有助于证明其符合享受协定待遇条件的其他资料。如享受特许权使用费条款待遇的，还可提供专利注册证书、版权所属证明等；享受独立个人劳务条款待遇的，可提供登记注册的职业证件或职业证明、在中国境内的居留记录等。

（三）**资料首次提交时间及提交次数**

资料首次提交时间一般是第一次取得有关所得并申报的时间。

同一项所得，如果享受协定待遇的条件和信息没有变化，不必每次重复提交有关资料。但是享受常设机构和营业利润、国际运输、股息、利息、特许权使用费、退休金条款待遇，或享受国际运输协定待遇，不重复提交资料的时间，以三年为限。

尽管 60 号公告规定纳税人不必重复提交有关资料，如果税局要求重复提交时，建议满足税务局的要求，纳税人不要在这些问题上过分较真。

六、享受协定待遇有关情况的处理

在享受协定待遇的问题上，难免出现该享受未享受，或期初符合条件但以后又不符合等情况，遇到这些问题怎么处理？

（一）不应享受待遇但是享受了

非居民纳税人发现不应享受而享受了协定待遇，并少缴或未缴税款的，应当主动向主管税务机关申报补税。

要不要补缴滞纳金？应该补缴滞纳金，但是罚款可以争取免罚。

（二）该享受待遇但未享受

非居民纳税人可享受但未享受协定待遇，导致多缴税款的，可在税收征管法规定期限内，自行或通过扣缴义务人向主管税务机关要求退还，但要提交有关证明资料。

主管税务机关应当自接到非居民纳税人或扣缴义务人退还申请之日起30日内查实，对符合享受协定待遇条件的办理退还手续。

（三）享受协定待遇后，情况变化

非居民纳税人在享受协定待遇后，情况发生变化，但是仍然符合享受协定待遇条件的，应当在下一次纳税申报时或由扣缴义务人在下一次扣缴申报时重新报送有关资料。

非居民纳税人情况发生变化，不再符合享受协定待遇条件的，应当按国内税收法律规定，自行或由扣缴义务人缴纳税款。

七、税务机关的后续管理方式

在管理方式由审批改为备案后，税务局为防止滥用协定逃避税款，加强了后续管理。具体措施包括以下几项：

（一）要求纳税人提供资料，配合调查

如果税局发现依据报告表和资料不足以证明非居民纳税人符合享受协定待遇条件，或非居民纳税人存在逃避税嫌疑的，可要求非居民纳税人或扣缴义务人限期提供其他补充资料并配合调查。

（二）无法查实，取消资格

非居民纳税人、扣缴义务人拒绝提供相关核实资料，或逃避、

拒绝、阻挠税务机关进行后续调查，主管税务机关无法查实是否符合享受协定待遇条件的，可视为不符合享受协定待遇条件，责令非居民纳税人限期缴纳税款。

八、有关报告表的内容和重点

60号公告附件有10张报告表，其中用于非居民企业和个人的，各有五张。这五张表中，第一张是非居民身份表，其余四张是分别适用不同类型的所得。这些报告表共同的目的，是证明非居民是否可以享受有关的协定待遇。因此，正确认识这些报告表，正确填写这些报告表，就成为享受协定待遇的关键。

由于非居民企业享受协定待遇的情况比较普遍，我们只介绍非居民企业有关报告表的内容，并介绍影响协定待遇的个别重点内容，以引起读者的重视。

（一）《非居民纳税人税收居民身份信息报告表》（企业适用）

这张表，是非居民企业享受协定待遇的前提。没有缔约对方的居民身份，就不能享受协定待遇。

这张表的内容分为六部分：扣缴义务人基本信息、非居民纳税人基本信息、扣缴义务人使用信息、税务机关管理使用信息、备注、声明。

这张表的每一项都应认真填写，但是最重要的是18行和19行，分别是申请人构成缔约对方税收居民的法律依据和事实依据。

第18行是："请引述非居民纳税人构成缔约对方税收居民的缔约对方国内法律依据"，这行需要填写缔约对方国家（或地区），如何定义和判定其税收居民的国内法律条文，需要写明法律条文所属法律法规名称和条款序号，并引述相关法律条文。

第19行是："请简要说明非居民纳税人构成缔约对方税收居民的事实情况"，这行需要填写非居民纳税人，符合缔约对方国家（或地区）税收居民法律标准的具体事实。例如缔约对方国内法，采取注册地标准判定税收居民的，非居民纳税人应说明企业注册地、注册时间等注册情况。

（二）《非居民纳税人享受税收协定待遇情况报告表》（企业所得税A表）——享受税收协定股息、利息、特许权使用费条款待遇

这张表适用享受税收协定股息、利息、特许权使用费条款待遇。表的内容非常复杂，集中了有关享受协定待遇的各种规定，以便纳税人、扣缴义务人和税务机关判定是否可以享受协定待遇。

表的内容包括七部分：扣缴义务人基本信息、非居民纳税人基本信息、扣缴义务人使用信息、税务机关管理采集信息、附报资料清单、备注、声明。

扣缴义务人使用信息和税务机关管理采集信息，又分别包括四部分：享受股息条款待遇、享受利息条款待遇、享受特许权使用费条款待遇、其他信息。

有些内容是决定能否享受协定待遇的关键。以"扣缴义务人使用信息"中的"其他信息"为例，第13个问题是："该项所得是否与非居民纳税人设在中国的常设机构或固定基地有实际联系？"如果有联系，则该项所得应并入机构、场所的所得，征收所得税，不能享受股息、利息、特许权使用费的待遇。再如第15个问题："非居民纳税人是否对所得或所得据以产生的财产或权利具有控制权或处置权？"如果没有控制权，则可以认为不是"受益所有人"，不能享受协定待遇。

（三）《非居民纳税人享受税收协定待遇情况报告表》（企业所得税B表）——享受税收协定常设机构和营业利润条款待遇

这张表适用于享受常设机构和营业利润条款待遇。根据税收协

定，外国企业在中国境内从事经营活动，持续时间累计或连续超过183天或6个月才构成常设机构；构成常设机构，才有在中国缴纳所得税的义务。因此，对纳税人而言，基于事实，证明自己不构成常设机构，才是重点。

这张表的内容包括八部分：扣缴义务人基本信息、非居民纳税人基本信息、非居民纳税人在中国境内经营活动类型、非居民纳税人在中国境内具体经营活动情况、非居民纳税人取得同类所得及享受税收协定待遇情况、附报资料清单、备注、声明。

非居民纳税人在中国境内具体经营活动情况包括以下六种：

1. 在境内从事建筑、安装或装配工程或相关监督管理活动；

2. 通过雇员或雇佣的其他人员在中国为同一项目或相关联的项目提供劳务活动；

3. 使用勘探或开采自然资源有关的装置或设备，或从事相关活动；

4. 在中国设立从事准备性或辅助性的固定营业场所；

5. 通过代理人在境内从事经营活动；

6. 其他。

以提供建筑、装配或安装工程为例，如何计算持续的时间，成为判定是否构成常设机构的关键。该表的问题三是："非居民纳税人在境内从事建筑、装配或安装工程，或相关监督管理活动时间情况"，如何填写这一时间？

如果非居民纳税人将承包工程作业的一部分转包给其他企业，分包商在建筑工地施工的时间应算作总包商在建筑工程上的施工时间。

如果分包商实施合同的日期在前，应以分包商开始实施合同之日作为实际开始实施合同日期。

如果非居民纳税人在中国一个工地或同一工程连续承包两个及两个以上作业项目，应从第一个项目开始计算实际开始实施合同时间，最后完成全部作业项目计算作业全部结束时间。

（四）《非居民纳税人享受税收协定待遇情况报告表》（企业所得税C表）——享受税收协定财产收益、其他所得条款待遇适用

这张表适用于转让股权、不动产等情况。内容包括七部分：扣缴义务人基本信息、非居民纳税人基本信息、享受财产收益条款待遇（扣缴义务人使用信息）、享受其他所得条款待遇、附报资料清单、备注、声明。

享受财产收益条款待遇，转让的财产，具体包括五种情况：

1. 转让从事国际运输（海运、空运、陆运）的船舶、飞机、陆运车辆、国际运输中使用的集装箱，或属于经营上述船舶、飞机、陆运车辆、集装箱的动产；

2. 转让公司股份、参股或其他权利取得的利益；

3. 转让合伙企业或信托中的利益；

4. 转让其他财产；

5. 其他信息。

以非居民转让居民企业股权为例，如果居民企业财产构成中，不动产比例超过50%，则根据大多数协定中有关条款的规定，不论转让多少股权，非居民企业都有缴纳企业所得税的义务。因此，被转让公司不动产的构成情况就非常关键。该表问题三是："被转让公司的财产的不动产构成情况"，根据填表说明，不动产所含土地或土地使用权价值额，不得低于按照当时可比相邻或同类地段的市场价格计算的数额。也就是说，不动产按照市场价计算。由于这些年土地增值较快，许多企业的价值构成中，不动产占的比例可能超过50%，非居民企业很难再适用股权比例低于25%就没有纳税义务的

待遇。

（五）《非居民纳税人享受税收协定待遇情况报告表》（企业所得税 D 表）——享受国际税收协定相关待遇适用

本表内容包括八部分：扣缴义务人基本信息、非居民纳税人基本信息、享受税收协定待遇信息、享受其他国际运输协定待遇信息、非居民纳税人取得同类所得及享受协定待遇情况、附报资料清单、备注、声明。

由于国际运输收入业务比较简单，不再赘述。

反避稅

反杜林论

16. 非居民企业间接转让财产征税：范围拓宽标准降低

国家税务总局不断完善反避税措施，《关于非居民企业间接转让财产企业所得税若干问题的公告》(国家税务总局公告2015年第7号，以下简称7号公告)，将非居民间接转让中国应税财产收入征税的范围进一步扩大，标准进一步降低，将有更多的间接转让行为被纳入中国的企业所得税征税范围，应引起外国企业及有关中国居民企业的高度重视。本文探讨以下问题：

一、间接转让征税规定如何拓宽范围，降低标准

二、如何理解间接转让中国应税财产

三、如何划分与间接转让中国应税财产有关的所得

四、如何判定是否有合理商业目的

五、直接认定为有合理商业目的的情形

六、不视为间接转让的情况

七、直接认定不合理商业目的的几种情况

八、征收管理的有关规定

九、对纳税人的启示

一、间接转让征税规定如何拓宽范围，降低标准

关于间接转让财产征税，纳税人比较熟悉的是《国家税务总局关于加强非居民企业股权转让所得企业所得税管理的通知》（国税函[2009]698号，以下简称698号文），7号公告与698号文相比，主要变化是：

（一）间接转让的财产范围拓宽

698号文对间接转让征税的范围，仅限于股权，即如果境外的A公司持有境外B公司股权，B公司又持有境内C公司股权，A公司转让境外B公司股权，有可能被认为是转让境内C公司股权，产生在中国缴纳企业所得税的纳税义务。

但是7号公告将间接转让的范围扩大到包括股权在内的其他财产，如中国境内的不动产、在中国境内的机构、场所的财产等（简称应税财产），也就是说，境外的B公司不持有境内企业的股权，而是持有境内的不动产，那么A公司转让B公司股权，也可能被认为是直接转让中国境内的不动产，产生在中国的纳税义务。

（二）间接转让的征税标准降低

698号文对间接转让征税的规定，对中间层，也就是B公司，有相对严格的限定，即：所在国（地区）实际税负低于12.5%或者对其居民境外所得不征所得税。但是7号公告废止了698号文的上述规定，另外制定了更加宽泛的征税标准，下面详细分析。

二、如何理解间接转让中国应税财产

7号公告，首先明确非居民企业通过实施不具有合理商业目的的安排，间接转让中国居民企业股权等财产，规避企业所得税纳税义务的，应按照《企业所得税法》第47条的规定，重新定性该间接转让交易，确认为直接转让中国居民企业股权等财产。

也即是说，如果被确认为是直接转让中国居民企业股权等财产，

就要按照所得税法的规定征税。间接转让中国应税财产，重点是转让了中国应税财产，产生在中国的企业所得税纳税义务，只不过转让方式是间接转让。

根据7号公告，间接转让中国应税财产，是指非居民企业通过转让直接或间接持有中国应税财产的境外企业（不含境外注册中国居民企业，以下称境外企业）股权及其他类似权益（以下称股权），产生与直接转让中国应税财产相同或相近实质结果的交易，包括非居民企业重组引起境外企业股东发生变化的情形。间接转让中国应税财产的非居民企业称股权转让方。

仍以上面的例子说明：境外A公司转让境外B公司股权，由于B公司持有境内C公司股权，A公司转让B公司股权，或许产生与B公司直接转让C公司股权相同的效果，则A公司可能被认为间接转让中国应税财产，产生在中国缴纳企业所得税的义务。如果A公司发生重组情况，导致B公司股东发生变化，不再是A公司，也可能被认为间接转让中国应税财产。

三、如何划分与间接转让中国应税财产有关的所得

境外A公司转让境外B公司股权，但是B公司可能既持有境内C公司股权，也持有境外其他公司股权，那么A公司转让B公司股权所得中，既有与境内C公司匹配的部分，也有与境外其他公司匹配的部分，不能将A公司转让B公司股权的全部所得，都看成是转让境内C公司股权的所得。因此，需要根据不同情况，合理划分。

根据7号公告，转让方取得的转让境外企业股权所得归属于中国应税财产的数额（以下称间接转让中国应税财产所得），应按以下方法进行税务处理：

（一）间接转让机构、场所财产所得

境外企业在中国境内所设机构、场所财产的数额（以下称间接

转让机构、场所财产所得），应作为与所设机构、场所有实际联系的所得，按照《企业所得税法》第3条第2款规定征税。

假定A公司转让B公司股权总所得是100万元，与中国应税财产有关的是80万元，B公司在中国境内有一机构场所，100万元中，与机构、场所有关的所得是20万元，则应由机构场所将20万元的所得，作为自己的所得，由机构场所缴纳企业所得税。

（二）间接转让不动产所得

对归属于中国境内不动产的数额（以下称间接转让不动产所得），应作为来源于中国境内的不动产转让所得，按照《企业所得税法》第3条第3款规定征税。

A公司转让B公司股权总所得中，假定有10万元是与B公司在境内的一栋不动产有关，则这10万元所得，应在中国缴纳企业所得税。

（三）间接转让股权所得

对归属于在中国居民企业的权益性投资资产的数额（以下称间接转让股权所得），应作为来源于中国境内的权益性投资资产转让所得，按照《企业所得税法》第3条第3款规定征税。

A公司转让B公司股权总所得中，假定有30万元是与B公司持有境内C公司股权有关，则这30万元所得，应按股权转让所得在中国缴纳企业所得税。

（四）如何计算与中国应税财产有关的所得

具体如何确定应归属于中国应税财产的所得？完全按照总所得的一定比例计算吗？根据总局在7号公告的解释中举的例子，实际应该是按照中国税法的规定，计算每项应税财产的所得。

7号公告解释中的例子是：一家设立在开曼的境外企业（不属于境外注册中国居民企业）持有中国应税财产和非中国应税财产两

项资产，非居民企业转让开曼企业股权所得为100，假设其中归属于中国应税财产的所得对应为80，归属于非中国应税财产所得对应为20，在这种情况下，只就归属于中国应税财产的80部分适用7号公告规定征税；假设其中归属于中国应税财产的所得对应为120，归属于非中国应税财产的所得对应为-20，那么即便转让开曼企业股权所得为100，仍需就归属于中国应税财产的120适用7号公告规定征税。

根据上述例子，与中国应税财产有关的所得，实际是应该单独计算的。至于如何计算，在没有具体规定的情况下，应按照目前税法的一般规定。比如不动产的所得，应按照不动产的公允价格和税法认可的净值的差额计算，比如不动产的公允价值是80万元，税法认可的净值是70万元，则间接转让不动产的所得是10万元。境内C公司的公允价值是150万元，B公司持有C公司的成本是120万元，则间接转让股权所得是30万元。

四、如何判定是否有合理商业目的

外国企业间接转让中国应税财产，不是什么情况下都产生在中国的纳税义务，如果有合理的商业目的，则不会产生在中国的纳税义务。根据7号公告及其所附的解释，在实际税收征管处理中，要基于具体交易（含未列明的其他相关因素），按照"实质重于形式"的原则，对交易整体安排和所有要素进行综合分析判断，不应依据单一因素或者部分因素予以认定。应结合实际情况综合分析以下相关的八项因素：

（一）境外企业股权的价值基础

境外企业股权主要价值是否直接或间接来自于中国应税财产。

这条主要是从境外股权的价值构成分析，如果境外股权的价值主要是基于中国应税财产，则有助于被认定成间接转让。

（二）境外企业资产的构成及收入来源

境外企业资产是否主要由直接或间接在中国境内的投资构成，或其取得的收入是否主要直接或间接来源于中国境内。

这条是从境外企业资产的构成及收入来源分析，如果境外企业的资产主要由境内资产构成，收入也主要来自境内，则有助于被认定成间接转让。

（三）境外企业的功能和风险分析

境外企业及直接或间接持有中国应税财产的下属企业实际履行的功能和承担的风险是否能够证实企业架构具有经济实质。

如果就是一个壳公司，则有助于被认定成间接转让。在分析时，一般从相关企业股权设置以及人员、财产、收入等经营情况和财务信息入手，分析被转让企业股权与相关企业实际履行功能和承担风险的关联性，及其在企业集团架构中的实质经济意义，当然需要注意行业差异和特点。

（四）境外企业的存续时间

境外企业股东、业务模式及相关组织架构的存续时间。

这是从时间间隔上考量间接转让交易及相关安排的筹划痕迹。如果境外股权转让方在转让前短时间内搭建了中间层公司并完成间接转让，那么这种交易安排就具有明显的筹划痕迹，非常不利于合理商业目的的判定。

（五）境外企业的纳税情况

间接转让中国应税财产交易在境外应缴纳所得税情况。

这条是要从境外应缴税情况判断是否存在跨国税收利益。如果股权转让方在其居民国和被转让方所在地总体应缴纳所得税，低于该间接转让交易在中国应缴税数额，那么就可以证明间接转让中国应税财产交易存在跨国税收利益，就有可能被认定成间接转让。

（六）境外企业交易的可替代性

股权转让方间接投资、间接转让中国应税财产交易与直接投资、直接转让中国应税财产交易的可替代性。

如果境外的安排具有可替代性，则有助于被认定成间接转让；如果没有可替代性，而是必须这样做，则有助于争取不被认定成间接转让。

可替代性分析要考虑市场准入、交易审查、交易合规和交易目标等多种商业和非商业因素，不应仅凭单一因素（如市场准入限制）予以认定。

（七）境外企业税收协定的适用

间接转让中国应税财产所得在中国可适用的税收协定或安排情况。

如果境外企业间接转让导致享受更优惠的协定待遇，少缴中国税，则更有可能被认为是间接转让。

（八）其他相关因素

五、直接认定为有合理商业目的的情形

间接转让中国应税财产同时符合以下三个条件的，应认定为具有合理商业目的：

（一）交易双方的股权关系具有下列情形之一：

1. 股权转让方直接或间接拥有股权受让方 80% 以上的股权；

2. 股权受让方直接或间接拥有股权转让方 80% 以上的股权；

3. 股权转让方和股权受让方被同一方直接或间接拥有 80% 以上的股权。

境外企业股权 50% 以上（不含 50%）价值直接或间接来自于中国境内不动产的，则上述持股比例应为 100%。

上述间接拥有的股权按照持股链中各企业的持股比例乘积计算。

（二）本次间接转让交易后，可能再次发生的间接转让交易，相比在未发生本次间接转让交易情况下的相同或类似间接转让交易，其中国所得税负担不会减少。

也就是说，没有因本次间接转让，导致以后的转让少缴中国税，则可能被认为有合理商业目的。境外A公司持有境外C公司股权，境外C公司持有境内D公司股权，A公司将C公司股权转让给境外B公司。如果依据A公司所在国与中国的税收协定，对此次转让征税，而以后B公司再转让C公司股权时，依据B公司所在国与中国的协定，对此次转让可以免税，则A公司的转让，有避税的嫌疑，不能被认为有合理的商业目的。

（三）股权受让方全部以本企业或与其具有控股关系的企业的股权（不含上市企业股权）支付股权交易对价。

六、不视为间接转让的情况

与间接转让中国应税财产相关的整体安排符合以下情形之一的，不视为间接转让中国应税财产，不产生在中国的纳税义务。

（一）非居民企业在公开市场买入并卖出同一上市境外企业股权取得间接转让中国应税财产所得。

如果被转让股权的境外企业是上市公司，不能再说是为了税收目的做这种安排。这是安全港原则的一种体现。

（二）在非居民企业直接持有并转让中国应税财产的情况下，按照可适用的税收协定或安排的规定，该项财产转让所得在中国可以免予缴纳企业所得税。

既然直接转让都是免税的，自然没有必要做什么税收安排了。

七、直接认定不合理商业目的的几种情况

与间接转让中国应税财产相关的整体安排同时符合以下情形的，应直接认定为不具有合理商业目的：

（一）境外企业股权 75% 以上价值直接或间接来自于中国应税财产；

（二）间接转让中国应税财产交易发生前一年内任一时点，境外企业资产总额（不含现金）的 90% 以上直接或间接由在中国境内的投资构成，或间接转让中国应税财产交易发生前一年内，境外企业取得收入的 90% 以上直接或间接来源于中国境内；

（三）境外企业及直接或间接持有中国应税财产的下属企业虽在所在国家（地区）登记注册，以满足法律所要求的组织形式，但实际履行的功能及承担的风险有限，不足以证实其具有经济实质；

（四）间接转让中国应税财产交易在境外应缴所得税税负低于直接转让中国应税财产交易在中国的可能税负。

八、征收管理的有关规定

（一）对间接转让征税的处理方式

主管税务机关需对间接转让中国应税财产交易进行立案调查及调整的，应按照一般反避税的相关规定执行。

（二）转让不同应税财产的纳税方式

1. 间接转让机构、场所应税财产

间接转让机构、场所财产所得，应缴纳企业所得税的，应计入纳税义务发生之日所属纳税年度该机构、场所的所得，按照有关规定申报缴纳企业所得税。

2. 间接转让不动产或股权

间接转让不动产所得或间接转让股权所得，应缴纳企业所得税的，依照有关法律规定或者合同约定对股权转让方直接负有支付相关款项义务的单位或者个人为扣缴义务人。

扣缴义务人未扣缴或未足额扣缴应纳税款的，股权转让方应自纳税义务发生之日起 7 日内向主管税务机关申报缴纳税款，并提供与计算股权转让收益和税款相关的资料。主管税务机关应在税款入库后30日内层报税务总局备案。

扣缴义务人未扣缴,且股权转让方未缴纳应纳税款的,主管税务机关可以按照税收征管法及其实施细则相关规定追究扣缴义务人责任;但扣缴义务人已在签订股权转让合同或协议之日起30日内按规定提交资料的,可以减轻或免除责任。

(三)间接转让应提交的资料

间接转让中国应税财产的交易双方及被间接转让股权的中国居民企业可以向主管税务机关报告股权转让事项,并提交以下资料:

1. 股权转让合同或协议(为外文文本的需同时附送中文译本,下同);

2. 股权转让前后的企业股权架构图;

3. 境外企业及直接或间接持有中国应税财产的下属企业上两个年度财务、会计报表;

4. 间接转让中国应税财产交易不适用7号公告的理由。

间接转让中国应税财产的交易双方和筹划方,以及被间接转让股权的中国居民企业,应按照主管税务机关要求提供以下资料:

1. 尚未提交的上述资料;

2. 有关间接转让中国应税财产交易整体安排的决策或执行过程信息;

3. 境外企业及直接或间接持有中国应税财产的下属企业在生产经营、人员、账务、财产等方面的信息,以及内外部审计情况;

4. 用以确定境外股权转让价款的资产评估报告及其他作价依据;

5. 间接转让中国应税财产交易在境外应缴纳所得税情况;

6. 与适用公告第五条和第六条有关的证据信息;

7. 其他相关资料。

（四）不提交资料的处罚措施

股权转让方未按期或未足额申报缴纳间接转让中国应税财产所得应纳税款，扣缴义务人也未扣缴税款的，除追缴应纳税款外，还应按照《企业所得税法实施条例》第121、122条规定对股权转让方按日加收利息。但是加收利息的力度不同。

股权转让方自签订境外企业股权转让合同或协议之日起30日内提供有关资料或按照规定申报缴纳税款的，按《企业所得税法实施条例》第122条规定的基准利率计算利息；

未按规定提供资料或申报缴纳税款的，按基准利率加5个百分点计算利息。

（五）涉及两个以上主管税务机关

股权转让方通过直接转让同一境外企业股权导致间接转让两项以上中国应税财产，如按照规定应予征税，涉及两个以上主管税务机关的，股权转让方应分别到各所涉主管税务机关申报缴纳企业所得税。

各主管税务机关应相互告知税款计算方法，取得一致意见后组织税款入库；如不能取得一致意见的，应报其共同上一级税务机关协调。

（六）执行时间

7号公告自发布之日（2015年2月3日）起施行，发布前发生但未作税务处理的事项，依据7号公告执行。《国家税务总局关于加强非居民企业股权转让所得企业所得税管理的通知》（国税函[2009]698号）第五条、第六条及《国家税务总局关于非居民企业所得税管理若干问题的公告》（国家税务总局公告2011年第24号）第六条第（三）、（四）、（五）项有关内容同时废止。

九、对纳税人的启示

7号公告的出台，标志着中国税务机关对反避税的管理进入到一个新的阶段。外国企业如果转让持有中国境内财产的境外企业的股权，即使被转让股权的境外企业不在维尔京、开曼、萨摩亚等国际公认的避税天堂，也很有可能被认定为是间接转让中国应税财产，产生在中国企业所得税的纳税义务。

同时，7号公告也设定了一些可以避免被认为是间接转让中国应税财产的情形。

如果按照7号公告的规定，间接转让中国应税财产的，应及时将有关资料报送中国主管税务机关，规避潜在的税务风险。

17. 反避税指向支出项目 关联方费用首当其冲

——国家税务总局 2015 年第 16 号公告解读

国家税务总局在 2015 年 3 月 18 日发布《关于企业向境外关联方支付费用有关企业所得税问题的公告》(国家税务总局公告 2015 年第 16 号，以下简称 16 号公告)，并自发布之日起实施。16 号公告，既规定了规范的对象，也明确了规范对象如何进行所得税处理。从规范对象看，既一般性地指向给境外关联方支付的费用，也专门就特许权使用费做出了规定。从所得税处理看，既重申了所得税管理的一般要求，也明确了不得扣除的具体情况。纳税人最需要关注的，是不得扣除的规定。

结合 16 号公告及之前下发的有关反避税文件，可以看出总局反避税的推进路线，已经由一般性的反避税规定，逐步指向具体的支出项目。关联方费用作为关联方避税的一种常用措施，成为反避税之剑首先指向的支出项目。

本文结合对 16 号公告的分析，关注以下几个问题：

一、2014 年反避税的基本情况

二、支付关联方费用的规定如何把握

三、支付关联方特许权使用费如何把握

四、16 号公告与非居民税收管理规定

五、纳税人应该做什么

一、2014年反避税的基本情况

根据国家税务总局网站的内容，2014年反避税调查立案272件，结案257件，补税入库79亿元，平均个案补税金额3068万元，补税金额超千万元的案件83个，超亿元的案件20个。

反避税事宜也引起了高层领导的重视。2014年11月，习近平总书记在G20领导人峰会上指出"加强全球税收合作，打击国际逃避税，帮助发展中国家和低收入国家提高税收征管能力"。这可能是国家最高领导人第一次在国际会议上就税收问题发表意见，也为税务系统的反避税工作提出了更高的要求。国家税务总局也更积极主动地参与G20和经济合作与发展组织（OECD）推动的"税基侵蚀和利润转移（BEPS）"行动计划，先后制定了《一般反避税管理办法》和《国家税务总局关于特别纳税调整监控管理有关问题的公告》。

中国反避税的篱笆越扎越紧。国际反避税合作的加强，使国际避税的空间越来越窄。作为纳税人，应及时了解税收法规，审视自己的经营行为，才能有效规避税务风险。

二、支付关联方费用的规定如何把握

（一）支付关联方费用的定价原则

16号公告根据《企业所得税法》第41条的规定，要求企业向境外关联方支付费用，应当符合独立交易原则，未按照独立交易原则向境外关联方支付的费用，税务机关可以在该业务发生的纳税年度起10年内，实施特别纳税调整。

（二）支付关联方费用应提交的资料

16号公告依据《企业所得税法》第43条的规定，要求企业向境外关联方支付费用，主管税务机关可以要求企业提供其与关联方签订的合同或者协议，以及证明交易真实发生并符合独立交易原则的相关资料备案。

（三）支付关联方费用不得扣除的情况

如果支付关联方费用价格不公允，还只是涉及纳税调整的话，那么下列情况，面对的则是不得税前扣除。

1. 支付给什么样的境外关联方，不得扣除

向未履行功能、承担风险，无实质性经营活动的境外关联方支付的费用，在计算企业应纳税所得额时不得扣除。

也就是说，如果境外关联方是个壳公司，则支付的费用不得税前扣除。

2. 从支付方的角度分析，什么情况不得扣除

支付方支付的关联方费用，应该满足关于税前扣除的有关规定，才可以扣除。根据《企业所得税法》第8条规定，企业实际发生的与取得收入有关的、合理的支出，包括成本、费用、税金、损失和其他支出，准予在计算应纳税所得额时扣除。也即是说，只有支出与收入有关时，才可以扣除。

16号公告关于支付方扣除的规定，体现了税法的上述规定。根据16号公告，企业因接受境外关联方提供劳务而支付费用，该劳务应当能够使企业获得直接或者间接经济利益。企业因接受下列劳务而向境外关联方支付的费用，在计算企业应纳税所得额时不得扣除。

（1）与企业承担功能风险或者经营无关的劳务活动。

与收入无关的支出，当然不能扣除。

（2）关联方为保障企业直接或者间接投资方的投资利益，对企业实施的控制、管理和监督等劳务活动。

在这种情况下，关联方不是给境内企业服务，而是给境内企业的境外股东服务，因此不能由境内企业负担有关费用，如果负担了，则不得扣除。

（3）关联方提供的，企业已经向第三方购买或者已经自行实施的劳务活动。

这里需要注意的是，关联方提供服务，如果是在向第三方购买

或自行实施之后，则支付给关联方的支出不得扣除。

（4）企业虽由于附属于某个集团而获得额外收益，但并未接受集团内关联方实施的针对该企业的具体劳务活动。

即使境内企业获得经济利益，但是并没有具体接受关联方提供的具体服务，支付的费用也不得扣除。

（5）已经在其他关联交易中获得补偿的劳务活动。

已经因接受境外关联方服务通过某种方式支付了有关费用，再支付，就不得扣除了，不然就会导致重复扣除。

（6）其他不能为企业带来直接或者间接经济利益的劳务活动。

这句话可以理解为，企业支付的与收入无关的其他支出。

三、支付关联方特许权使用费如何把握

支付关联方的特许权使用费，是支付关联方费用的组成部分。也许是因为特许权使用费比较普遍、比较特殊，不同于一般的服务费，且在税收协定中也有相关条款，16号公告把特许权使用费进行了单列。

（一）支付特许权使用费规定如何理解

关于特许权使用费，16号公告有两条规定：

1."企业使用境外关联方提供的无形资产需支付特许权使用费的，应当考虑关联各方对该无形资产价值创造的贡献程度，确定各自应当享有的经济利益。企业向仅拥有无形资产法律所有权而未对其价值创造做出贡献的关联方支付特许权使用费，不符合独立交易原则的，在计算企业应纳税所得额时不得扣除。"

要求考虑贡献程度，实际是要考虑支付费用的价格，如果支付根据贡献应该享受的权利的费用，则极易被税局禁止税前扣除。贡献的大小可能在有关合同中有约定。

如果拥有方没做出贡献，但无论是通过购买也好，或者其他原因也罢，拥有方取得特许权，境内企业支付的特许权使用费可以扣除，

但须符合独立交易原则。如果不符合独立交易原则,不是纳税调整的问题,而是直接不允许税前扣除。

2."企业以融资上市为主要目的,在境外成立控股公司或者融资公司,因融资上市活动所产生的附带利益向境外关联方支付的特许权使用费,在计算企业应纳税所得额时不得扣除。"即因为上市获得某种经济利益,向外支付的特许权使用费,不得扣除。

(二)支付特许权使用费的特别提示

需要特别指出的是,向境外支付特许权使用费,不但扣缴企业所得税,还要扣缴增值税,税率是6%。

向境外支付的设备租金,不论是融资租赁还是经营租赁,均属于特许权使用费。

四、16号公告与非居民税收管理规定

16号公告主要是针对居民企业反避税管理的规定,但作为纳税人,根据目前关于非居民企业税收管理的有关规定,境内企业与境外企业签订服务合同时,有严格的管理要求,主要是两次备案:

一是合同备案,签订合同后,包括境内企业和境外企业在内的合同双方,都应到税局办理合同备案手续;

二是支付备案,境内企业在实际对外支付时,应到税局办理对外支付备案手续。

境内企业应根据境外企业的纳税义务及纳税义务发生时间,及时扣缴企业所得税、增值税、营业税等税款。

五、纳税人应该做什么

对纳税人而言,16号公告中最重要的内容,是不得扣除的有关条款。纳税人应重新审阅已经签订的合同,凡是定价不公允,不符合税前扣除规定的,不得在税前扣除。以后再签订合同时,应根据16号公告的规定,选择合同对象,按照公允价值确定价格标准。

18. 成本分摊更加方便　后续管理不容忽视

——国家税务总局 2015 年第 45 号公告解读

2015 年 5 月，国务院在前期大幅减少部门非行政许可审批事项的基础上，又取消了 49 项非行政许可审批事项。其中，涉及取消的税务非行政许可审批事项为 11 个大项以及其他 3 项中 8 个子项，共计 19 项。"企业就成本分摊协议是否符合独立交易原则的审核"就是这 19 项中的一个。企业执行成本分摊协议，不再需要经过税务机关审核，从程序上而言，无疑更加方便。然而，取消审核不意味着放任自流，税务机关对事中事后的监管并未懈怠，国家税务总局发布了《关于规范成本分摊协议管理的公告》（国家税务总局公告 2015 年第 45 号，以下简称 45 号公告），对成本分摊协议的管理进行规范和调整，自 2015 年 7 月 16 日起施行。

新规定实施后，应该准备的资料，企业依然要如期准备，而且企业更加需要依靠自己的专业判断，并且对自己的判断自行承担风险。本文从以下方面对成本分摊协议的税务管理（企业所得税影响）进行分析：

一、成本分摊协议的企业所得税影响

二、税务机关如何对成本分摊协议进行管理

三、关联企业间的成本分摊与互相提供服务

一、成本分摊协议的企业所得税影响

根据企业所得税法的有关规定，企业与其关联方共同开发、受让无形资产，或者共同提供、接受劳务发生的成本，可以进行分摊，成本分摊不符合规定的，不能在企业所得税前扣除。

分摊应当按照独立交易原则进行，按照独立交易原则与其关联方分摊共同发生的成本，应达成成本分摊协议。企业与其关联方分摊成本时，应当按照成本与预期收益相配比的原则进行分摊。成本分摊协议执行期间，参与方实际分享的收益与分摊的成本不相配比的，应根据实际情况做出补偿调整。

对于符合独立交易原则的成本分摊协议：

1. 企业按照协议分摊的成本，在协议规定的各年度税前扣除；

2. 涉及补偿调整的，在补偿调整的年度计入应纳税所得额。

企业与其关联方签署成本分摊协议，有下列情形之一的，其自行分摊的成本不得税前扣除：

1. 不具有合理商业目的和经济实质；

2. 不符合独立交易原则；

3. 没有遵循成本与收益配比原则；

4. 未按本办法有关规定备案或准备、保存和提供有关成本分摊协议的同期资料；

5. 自签署成本分摊协议之日起经营期限少于20年。

二、税务机关如何对成本分摊协议进行管理

为避免对成本分摊协议的滥用，税务机关对成本分摊协议的内容、报备等都有明确规定，且这一规定经历了由复杂到简便的转变。

（一）企业不需要做什么

企业执行成本分摊协议，在企业所得税前扣除有关成本，不再需要经过税务机关审核。

《国家税务总局关于印发〈特别纳税调整实施办法（试行）〉的通知》(国税发[2009]2号，以下简称2号文)中曾经规定，企业应自成本分摊协议达成之日起30日内，层报国家税务总局备案。税务机关判定成本分摊协议是否符合独立交易原则须层报国家税务总局审核。45号公告废止了这一规定。

（二）企业需要做什么

1. 报送成本分摊协议副本

45号公告规定，企业应自与关联方签订（变更）成本分摊协议之日起30日内，向主管税务机关报送成本分摊协议副本。

2. 报送关联业务往来报告表

企业与关联方签订成本分摊协议的，应在年度企业所得税纳税申报时，附送《中华人民共和国企业年度关联业务往来报告表》。45号公告的规定意味着，企业与关联方签订成本分摊协议之后，只要在规定时间内报送了协议副本，不再需要税务总局的审核同意，就可以进行成本分摊了。同时还需注意，不计实际分摊金额，签订了分摊协议就意味着企业与其关联方发生了关联业务往来，就应在年度企业所得税纳税申报时，就其与关联方之间的业务往来报送关联业务往来报告表。

3. 准备同期资料

企业执行成本分摊协议期间，按照2009年2号文的规定，还应准备和保存以下成本分摊协议的同期资料：

· 成本分摊协议副本；

· 成本分摊协议各参与方之间达成的为实施该协议的其他协议；

· 非参与方使用协议成果的情况、支付的金额及形式；

· 本年度成本分摊协议的参与方加入或退出的情况，包括加入或退出的参与方名称、所在国家（地区）、关联关系，加入支付或退出补偿的金额及形式；

·成本分摊协议的变更或终止情况，包括变更或终止的原因、对已形成协议成果的处理或分配；

·本年度按照成本分摊协议发生的成本总额及构成情况；

·本年度各参与方成本分摊的情况，包括成本支付的金额、形式、对象，做出或接受补偿支付的金额、形式、对象；

·本年度协议预期收益与实际结果的比较及由此做出的调整。

企业执行成本分摊协议期间，无论成本分摊协议是否采取预约定价安排的方式，均应在本年度的次年6月20日之前向税务机关提供成本分摊协议的同期资料。

4. 税务机关对成本分摊协议的管理

税务机关将加强成本分摊协议的后续管理，对不符合独立交易原则和成本与收益相匹配原则的成本分摊协议，实施特别纳税调查调整。

企业执行成本分摊协议期间，参与方实际分享的收益与分摊的成本不配比的，应当根据实际情况做出补偿调整。参与方未做补偿调整的，税务机关应当实施特别纳税调查调整。

由于税务机关对成本分摊协议主要进行后续管理，而不是事前的审核批准，所以成本分摊协议是否符合独立交易原则、收益与分摊成本是否匹配、是否需要进行补偿调整，都需要企业自行判断，并承担特别纳税调整的风险。由此可见，带来方便的同时，不确定性随之加大。

三、关联企业间的成本分摊与互相提供服务

就共同提供服务、接受服务、受让无形资产等产生的成本在多家关联企业之间进行分摊而言，实际操作中通常可以采用两种方式：一种是关联企业之间提供服务或授权使用无形资产，提供服务或授

权的企业需要确认收入并开具相应发票；另一种则是直接通过成本分摊来实现。2009年的2号文中也明确，参与方使用成本分摊协议所开发或受让的无形资产不需另支付特许权使用费。由此也可以看到两种方式的不兼容。

　　前一种方式下，有企业要确认收入，进而纳税；后一种方式下，没有收入确认，也就不涉及税款。前一种方式下，对于其余企业而言，有发票作为成本支出在企业所得税前扣除的凭据；后一种方式下，可能只有一家企业取得有关支出的发票，其余企业没有发票，需依据成本分摊协议进行税前扣除。前一种方式下，企业间比较容易操作，但一家企业自行负担一项重大项目的压力会比较大；后一种方式下，签订合规的成本分摊协议，操作起来会更复杂，但有助于分散成本压力，方便集团统一调度力量完成大型项目。

　　关联企业间可以根据自身的实际情况，选择不同方式实现收入、成本的划分。

税收专题

緣起地藏

19. 融资租赁的增值税和印花税问题

　　融资租赁的税收问题,一直受到租赁公司和承租人的关注。《关于营业税改征增值税试点期间有关增值税问题的公告》(国家税务总局公告2015年第90号,以下简称90号公告)和《关于融资租赁合同有关印花税政策的通知》(财税〔2015〕144号,以下简称144号文),进一步明确了融资租赁的有关增值税和印花税问题,值得租赁企业和承租人关注。本文结合对90号公告和144号文的解读,分析以下问题:

　　一、如何计算售后回租可以扣除的设备本金

　　二、保理方式转让应收租金的增值税问题

　　三、融资租赁的印花税问题

　　四、利用执行时间,规避以往风险

一、如何计算售后回租可以扣除的设备本金

90号公告规定:"纳税人提供有形动产融资性售后回租服务,计算当期销售额时可以扣除的有形动产价款本金,为书面合同约定的当期应当收取的本金。无书面合同或者书面合同没有约定的,为当期实际收取的本金。"

为理解上述规定,需要了解售后回租有关政策的变化过程。

(一)售后回租出售资产不征收增值税和营业税

《关于融资性售后回租业务中承租方出售资产行为有关税收问题的公告》(国家税务总局公告2010年第13号,以下简称13号公告),首先界定了售后回租的定义:"融资性售后回租业务是指承租方以融资为目的将资产出售给经批准从事融资租赁业务的企业后,又将该项资产从该融资租赁企业租回的行为。融资性售后回租业务中承租方出售资产时,资产所有权以及与资产所有权有关的全部报酬和风险并未完全转移。"正因为承租方出售资产的目的是为了融资,不是一般意义上的资产销售,因此,13号公告规定:"融资性售后回租业务中承租方出售资产的行为,不属于增值税和营业税征收范围,不征收增值税和营业税。"

(二)营改增后售后回租不征税导致的问题

根据13号公告的规定,既然承租方出售资产的行为,不征收增值税,也就不能给租赁公司开具增值税专用发票(注:可以开具增值税普通发票)。在租赁公司征收营业税时,由于不存在抵扣进项税的问题,没有增值税专用发票,也没有太大的问题。

但是,融资租赁公司改征增值税后,其自承租人收取的全部租金都应计提销项税,其自承租人购进设备没有增值税专用发票,税负就比较重了。

(三) 问题的解决方式——自销售额中扣除设备本金

解决租赁公司售后回租业务的增值税负担问题,一种方式是全征全扣,即废止13号公告承租人出售资产不征收增值税的规定,改为征收增值税,开具增值税专用发票,用于租赁公司的抵扣;一种方式是允许租赁公司将购进设备的本金,自收取的全部租金中扣除。《关于将铁路运输和邮政业纳入营业税改征增值税试点的通知》(财税〔2013〕106号,以下简称106号文)的附件二《营业税改征增值税试点有关事项的规定》,采用上述第二种方法。

附件二规定:"经中国人民银行、银监会或者商务部批准从事融资租赁业务的试点纳税人,提供有形动产融资性售后回租服务,以收取的全部价款和价外费用,扣除向承租方收取的有形动产价款本金,以及对外支付的借款利息(包括外汇借款和人民币借款利息)、发行债券利息后的余额为销售额。"也就是说通过自全部租金收入中,扣除相当于有形动产本金的方式,解决没有进项发票导致的税负问题。

附件二同时规定了如何开票的问题,"试点纳税人向承租方收取的有形动产价款本金,不得开具增值税专用发票,可以开具普通发票。"也就是说,如果收取租金120万元,其中100万元相当于设备的本金,20万元属于类似利息性质的租金,则开两张发票,一张是价款100万元的增值税普通发票,一张是价税合计20万元的增值税专用发票。

(四) 90号公告明确了如何确定可以扣除的设备本金

106号文尽管规定了有形动产的本金可以自向承租人收取的全部价款中扣除,但是,如何确定自承租人收取的全部价款中,有多少本金呢?

90号公告解决了这个问题,即:"纳税人提供有形动产融资性售后回租服务，计算当期销售额时可以扣除的有形动产价款本金，为书面合同约定的当期应当收取的本金。无书面合同或者书面合同没有约定的，为当期实际收取的本金。"

也就是说，要在租赁合同中约定，每次收取的租金中，本金是多少，利息是多少。如果合同没有约定，那就按照会计制度的规定，计算确定实际收取的租金中，多少是利息，多少是设备本金。

（五）租赁公司避免税企纠纷的方式——合同约定本金

租赁公司因售后回租业务自承租人每次收取的租金中，到底有多少本金？尽管可以按照会计准则的有关规定计算出来，但是为避免纠纷、便于操作，最好在租赁合同中，明确每次的租金中，有多少相当于租赁物的本金。

90号公告的规定，为租赁公司递延缴纳增值税提供了一定的空间，可以在租赁前期，尽量多地确定本金的数额，前期少缴增值税，后期多缴增值税，享受资金的时间价值。

二、保理方式转让应收租金的增值税问题

租赁公司在收取租金的过程中，为加快资金回流，可以采取保理方式，将融资租赁合同项下未到期应收租金的债权，转让给银行等金融机构，这是否影响租赁公司租赁业务的增值税纳税义务？90号公告规定："不改变其与承租方之间的融资租赁关系，应继续按照现行规定缴纳增值税，并向承租方开具发票。"

保理业务，有点类似以应收账款为抵押的银行融资，并没有改变租赁公司与承租人之间的业务关系，因此，不影响其增值税纳税义务。

三、融资租赁的印花税问题

融资租赁的印花税，至少包括两个问题：一是租赁合同是否贴花，如何贴花？二是售后回租过程中的出售和回购环节，是否贴花，

如何贴花？144号文件，回答了上述问题。

（一）融资租赁合同按照"借款合同"贴花

144号文规定："对开展融资租赁业务签订的融资租赁合同（含融资性售后回租），统一按照其所载明的租金总额依照'借款合同'税目，按万分之零点五的税率计税贴花。"

早在1988年，《国家税务局关于对借款合同贴花问题的具体规定》（国税地字〔1988〕30号）就明确了："银行及其金融机构经营的融资租赁业务，是一种以融物方式达到融资目的的业务，实际上是分期偿还的固定资金借款。因此，对融资租赁合同，可据合同所载的租金总额暂按'借款合同'计税贴花。"144号文的规定，与上述规定的精神一致，只是基于租赁业的现状，一般性地规定融资租赁合同按照借款合同贴花，也就是说，只要是合法的融资租赁公司，其融资租赁合同，都按"借款合同"贴花。

由于印花税应税凭证包括"财产租赁合同"，税率是租赁金额的千分之一，因此，融资租赁合同按照借款合同贴花，税负大大降低了。

（二）售后回租的出售和回购合同不贴花

融资性售后回租过程，一般包括三个环节：第一是出售环节，即承租人将自己的设备，出售给租赁公司；第二是租赁环节，即承租人将设备再从租赁公司租回；第三是回购环节，即承租人在租金期满后，将设备以较低的价格购回。

第一环节和第三环节，发生了设备的买卖业务，是否要按照"购销合同"万分之三的税率贴花呢？

144号文件，也遵照实质重于形式的原则，规定融资性售后回租业务中，对承租人、出租人因出售租赁资产及购回租赁资产所签订的合同，不征收印花税。

四、利用执行时间，规避以往风险

90号公告和144号文关于执行时间的规定，为纳税人充分利用有关规定，规避以往年度遗留的税务风险，提供了机会。

90号公告规定："本公告自2016年2月1日起施行，此前未处理的事项，按本公告规定执行。"如果某租赁公司，因为自承租人收取的全部价款中可以扣除的本金问题，与税局发生争执，可以通过与承租人签署补充协议的方式，明确本金的比例。

144号文规定："本通知自印发之日（2015年12月24日）起执行。此前未处理的事项，按照本通知规定执行。"如果纳税人与税局就144号文件规定的合同是否贴花，如出售环节是否按照购销合同贴花，与税局发生分歧，即使是以往年度的分歧，也可以依据144号文，维护自己的权益。

20. 内地香港基金互认
——财税［2015］125号文解读

人民币资本项目完全可兑换之前，总是不断有一些向最终自由兑换迈进的措施。继合格境外机构投资者（QFII）、合格境内机构投资者（QDII）、沪港通等措施之后，香港和内地基金互认，在给广大投资者提供更多选择机会的同时，也在进一步推进人民币的可自由化兑换，推进人民币的国际化。2015年5月22日，中国证监会与香港证监会决定开展内地与香港基金互认工作。中国人民银行、国家外汇管理局发布《内地与香港证券投资基金跨境发行销售资金管理操作指引》（公告2015年第36号），自发布之日起实施。中国证券监督管理委员会发布《香港互认基金管理暂行规定》（公告［2015］12号），自2015年7月1日施行。

基金互认后，如果不明确有关的涉税问题，难免影响投资者的预期，影响实施效果。财政部、国家税务总局和证监会联合发布的《关于内地与香港基金互认有关税收政策的通知》（财税［2015］125号，以下简称125号文），明确了基金互认后的涉税问题，为顺利实施打开了方便之门。本文通过对125号文的解读，分析以下问题：

一、什么是基金互认
二、内地个人投资香港基金的税收问题
三、内地企业投资香港基金的税收问题
四、香港投资者投资内地基金的税收问题
五、执行时间及如何应用

一、什么是基金互认

基金互认，是指内地基金或香港基金经香港证监会认可或中国证监会注册，在双方司法管辖区内向公众销售。

互认之后，内地人可以买香港的基金，香港人也可以买内地的基金，与沪港通有点类似，在一定程度上，进一步打通了两地的资本市场。

内地基金，是指中国证监会根据《中华人民共和国证券投资基金法》注册的公开募集证券投资基金。

香港基金，是指香港证监会根据香港法律认可公开销售的单位信托、互惠基金或者其他形式的集体投资计划。

买卖基金份额，包括申购与赎回、交易。

二、内地个人投资香港基金的税收问题

内地个人投资者买卖香港基金份额，涉及个人所得税、营业税、印花税问题。

（一）基金买卖免征个税

对内地个人投资者通过基金互认，买卖香港基金份额取得的转让差价所得，自2015年12月18日起至2018年12月17日止，三年内暂免征收个人所得税。

（二）基金分红征个税

内地个人投资者通过基金互认从香港基金分配取得的收益，由该香港基金在内地的代理人，按照20%的税率代扣代缴个人所得税。

代理人是指依法取得中国证监会核准的公募基金管理资格或托管资格，根据香港基金管理人的委托，代为办理该香港基金内地事务的机构。

125号文在这里没明确到底按照什么税目扣税，是股息、利息

还是其他所得？只是明确了扣税的税率。

（三）基金买卖免征营业税

对内地个人投资者通过基金互认，买卖香港基金份额取得的差价收入，按现行政策规定暂免征收营业税。

（四）印花税按照香港规定执行

对内地投资者通过基金互认，买卖、继承、赠与香港基金份额，按照香港特别行政区现行印花税税法规定执行。香港印花税的税率很低，几乎可以忽略不计。

三、内地企业投资香港基金的税收问题

企业投资者的税收问题，也包括企业所得税、营业税、印花税等。

（一）买卖基金份额的价差征税

对内地企业投资者，通过基金互认，买卖香港基金份额取得的转让差价所得，计入其收入总额，依法征收企业所得税。

（二）基金分红征税

对内地企业投资者，通过基金互认，从香港基金分配取得的收益，计入其收入总额，依法征收企业所得税。

（三）基金买卖的营业税

对内地单位投资者，通过基金互认，买卖香港基金份额取得的差价收入，按现行政策规定征免营业税。

现行政策到底是征还是免？目前没有免税的规定，如果税局征税，是有道理的。来自境外的利息收入，也是要缴纳营业税的；买卖境外金融工具的价差，如果征税，不能说没有法律依据。

（四）印花税按照香港规定执行

四、香港投资者投资内地基金的税收问题

（一）基金买卖免所得税

香港市场投资者（包括企业和个人），通过基金互认，买卖内地

基金份额取得的转让差价所得，暂免征收所得税。

（二）股息所得扣缴10%所得税

对香港市场投资者（包括企业和个人），通过基金互认，从内地基金分配取得的收益，如果是由内地上市公司向该内地基金分配股息红利，对香港市场投资者按照10%的税率代扣所得税，并由内地上市公司向其主管税务机关办理扣缴申报。该内地基金向投资者分配收益时，不再扣缴所得税。

操作中比较复杂的是，内地基金需要告知上市公司，其支付给基金的股息中，有多少是支付给香港投资者的，应该扣缴10%的所得税。如果由基金管理公司履行对香港投资者的扣缴义务，似乎更容易操作。

（三）利息所得扣缴7%所得税

对香港市场投资者（包括企业和个人），通过基金互认，从内地基金分配取得的收益，如果是由发行债券的企业向该内地基金分配利息，对香港市场投资者按照7%的税率代扣所得税，并由内地发行债券的企业向其主管税务机关办理扣缴申报。该内地基金向投资者分配收益时，不再扣缴所得税。

（四）买卖基金价差免征营业税

对香港市场投资者（包括企业和个人）通过基金互认买卖内地基金份额取得的差价收入，暂免征收营业税。

（五）与基金有关的印花税免征

对香港市场投资者通过基金互认买卖、继承、赠与内地基金份额，按照内地现行税制规定，暂不征收印花税。

五、执行时间及如何应用

上述政策自2015年12月18日起执行。

从上述规定可以看出，香港投资者通过基金互认，购买内地的基金，可以享受三年免征企业所得税和营业税的优惠。因此，内地投资者在购买内地基金时，如果在香港设立公司或机构，以香港投资者的身份买卖内地基金，可以降低税负。

21. 购物离境退税全国实施

——国家税务总局 2015 年第 41 号公告解读

国家税务总局 2015 年出台了《境外旅客购物离境退税管理办法（试行）》(国家税务总局公告 2015 年第 41 号，以下简称 41 号公告)，将年初《财政部关于实施境外旅客购物离境退税政策的公告》（财政部公告 2015 年第 3 号，以下简称 3 号公告）的政策规定落到了实处，进入具体操作的阶段。

离境退税最早在海南试点，与海南试点政策相比，扩大到全国的政策，主要有三个方面的调整：一是扩大了离境口岸范围，在航空口岸的基础上，新增了水运口岸和陆地口岸。二是扩大了退税物品范围，将海南试点时的正面列举方式调整为负面清单方式，退税物品范围由 21 类物品扩大到除禁止、限制出境和增值税免税物品外的所有物品。三是降低了起退点，由 800 元下调至 500 元。

本文结合财政部的 3 号公告，介绍 41 号公告的主要内容，分析对游客、商家、银行、政府的有利影响。

本文包括以下几个问题：

一、为什么对境外游客购物离境实行退税政策？

二、到底能退多少税？

三、境外游客离境退税的程序和凭据

四、退税商店的资格和程序

五、退税代理银行的资格和程序

六、游客、商家、银行、政府的机会

一、为什么对境外游客购物离境实行退税政策？

对境外游客实行购物离境退税政策，既是国际惯例，也符合增值税的基本原理。有境外旅游经历的读者，可能都有过退税的经历，都有过拿到退税款时很高兴，一转身加点钱又买点东西的冲动。由于增值税是由消费者负担的，应该在消费地征税，出口地退税。因此，境外游客购物离境时，应该退还所购货物含的增值税。

境外游客购物退税，实际是出口退税政策的组成部分。在目前的增值税管理中，对货物的出口，一般实行退税政策；对营改增劳务中的交通运输和设计劳务，实行零税率，实际也是退税政策。尽管发达国家早就对境外游客购物实行退税政策，但我国由于出口骗税的问题一直存在，有的时期甚至非常严重，故对游客购物的退税政策一直没有实施。

财政部为落实《国务院关于促进旅游业改革发展的若干意见》（国发［2014］31号）中"研究完善境外旅客购物离境退税政策，将实施范围扩大至全国符合条件的地区"的要求，在2015年年初，下发了3号公告，决定在全国符合条件的地区实施境外旅客购物离境退税政策。国家税务总局为落实3号公告的规定，下发了操作性文件——41号公告。

二、到底能退多少税？

退税款的计算，取决于退税率、退税依据、计算方式和手续费。

退税率为11%，以离境的退税物品的增值税普通发票金额（含增值税）为退税依据，计算应退增值税额。计算公式为：

应退增值税额＝离境的退税物品销售发票金额（含增值税）× 退税率

实退增值税额＝应退增值税额－退税代理机构办理退税手续费

如果某游客购买1000元的物品，应退增值税是110元。由于退税代理机构要扣掉部分手续费，实际得到的退税额会低于110元。

三、境外游客离境退税的程序和凭据

（一）离境退税的程序

境外游客顺利得到退税，需经以下程序：

1. 离境前凭本人的有效身份证件及购买退税物品的增值税普通发票，向退税商店索取《离境退税申请单》。

2. 离境时，向海关办理离境物品验核确认手续。

3. 向退税代理机构提交本人有效身份证件、海关验核签章的《离境退税申请单》，申请办理离境退税。

4. 退税金额超过10000元人民币，以银行转账方式退税；未超过10000元人民币的，境外旅客可选择现金退税或转账退税。

5. 领取或者办理领取退税款时，应当签字确认《境外旅客购物离境退税收款回执单》。

（二）境外游客申请退税应注意事项

1. 持有效身份证件

无论是持护照的外国人，还是持来往内地通行证的港澳居民、持大陆通行证的台湾居民，办理有关手续时，必须出示有效身份证件。

2. 境内居住时间

在我国境内连续居住不超过183天。也就是从最后一次入境到离境时，不超过183天。

3. 购买退税物品到离境时间

自购买退税物品到离境时间不超过90天。

4. 退税商店购买退税物品

只有在指定的退税商店购买可以退税的物品，才可退税。

5. 购买商品金额

同一天在同一退税商店购买金额超过500元人民币。

6. 保留购物发票

购买物品时，必须取得增值税普通发票，有发票，才可以向商店申请开具《离境退税申请单》。

7. 索取《离境退税申请单》

在离境前，凭本人的有效身份证件及购买退税物品的增值税普通发票，向退税商店索取《离境退税申请单》。

四、退税商店的资格和程序

退税商店，是指报省、自治区、直辖市和计划单列市国家税务局（以下简称省国税局）备案，境外旅客从其购买退税物品离境可申请退税的企业。

成为退税商店，必须符合规定的条件，并经省国税局备案。

（一）退税商店的条件

1. 具有增值税一般纳税人资格；

2. 纳税信用等级在 B 级以上；

3. 同意安装、使用离境退税管理系统，并保证系统应当具备运行条件，能够及时、准确地向主管国税机关报送相关信息；

4. 已经安装并使用增值税发票系统升级版；

5. 同意单独设置退税物品销售明细账，并准确核算。

（二）申请退税商店资格的程序和资料

符合条件且有意向备案的企业，填写《境外旅客购物离境退税商店备案表》，并附规定的资料直接或委托退税代理机构向主管国税机关报送。

需要提交的资料包括：

1. 主管国税机关出具的符合上述第 1、2、4 款的书面证明；

2. 申请者同意做到上述第 3、5 款的书面同意书。

省国税局向退税商店颁发统一的退税商店标识。退税商店应当在其经营场所显著位置悬挂退税商店标识，便于境外旅客识别。

（三）《离境退税申请单》的开具

《离境退税申请单》由退税商店通过离境退税管理系统开具，加盖发票专用章。退税商店需将境外旅客有效身份证件信息、最后入境日期、退税物品信息、增值税普通发票号码等输入离境退税管理系统。

（四）不得开具《离境退税申请单》的情况

境外旅客具有以下情形之一的，退税商店不得开具《离境退税申请单》：

1. 境外旅客不能出示本人有效身份证件；

2. 凭有效身份证件不能确定境外旅客最后入境日期的；

3. 购买日距境外旅客最后入境日超过183天；

4. 退税物品销售发票开具日期早于境外旅客最后入境日；

5. 销售给境外旅客的货物不属于退税物品范围；

6. 境外旅客不能出示购买退税物品的增值税普通发票（由增值税发票系统升级版开具）；

7. 同一境外旅客同一日在同一退税商店内购买退税物品的金额未达到500元人民币。

五、退税代理银行的资格和程序

具体办理退税的机构，可以是税务局，也可以是税务局认可的代理银行。

（一）代理退税银行的条件

具备以下条件的银行，可以申请成为退税代理机构：

1. 能够在离境口岸隔离区内具备办理退税业务的场所和相关设施；

2. 具备离境退税管理系统运行的条件，能够及时、准确地向主管国税机关报送相关信息；

3. 遵守税收法律法规规定，三年内未因发生税收违法行为受到行政、刑事处理的；

4. 愿意先行垫付退税资金。

退税代理机构由省国税局会同财政、海关等部门，按照公平、公开、公正的原则选择，并由省国税局公告。完成选定手续后，省国税局应与选定的退税代理机构签订服务协议，服务期限为两年。退税代理机构如有违规行为，取消资格。

（二）代理退税银行的退税程序

1. 退税代理银行对退税申请的审核

退税代理银行接到境外旅客离境退税申请时，应首先采集申请离境退税的境外旅客本人有效身份证件信息，并在核对以下内容无误后，按海关确认意见办理退税：

（1）提供的离境退税资料齐全；

（2）《离境退税申请单》上所载境外旅客信息与采集申请离境退税的境外旅客本人有效身份证件信息一致；

（3）《离境退税申请单》经海关验核签章；

（4）境外旅客离境日距最后入境日未超过183天；

（5）退税物品购买日距离境日未超过90天；

（6）《离境退税申请单》与离境退税管理系统比对一致。

2. 退税资料报主管税局

每月15日前，通过离境退税管理系统将上月为境外旅客办理的离境退税金额生成《境外旅客购物离境退税结算申报表》，报送主管国税机关，作为申报境外旅客离境退税结算的依据。同时将《境外旅客购物离境退税结算申报表》、海关验核签章的《离境退税申请单》、境外旅客签字确认的《境外旅客购物离境退税收款回执单》留存备查。

3. 取得代垫的退税款

主管国税机关对退税代理机构提交的境外旅客购物离境退税结算申报数据审核、比对无误后，按照规定开具《税收收入退还书》，向退税代理机构办理退付。

六、游客、商家、银行、政府的机会

离境退税政策，对所有当事人都是巨大利好。

对游客而言，可以降低购物成本。

对商家而言，在不降低售价，甚至适当涨价的情况下，可以扩大销售，因此，应积极主动到税局申请成为退税商店。

对银行而言，成为退税代理机构，可以作为一项新的中间业务，成为一项收入的来源，也是提升企业形象，扩大海外影响力的机会。

对政府而言，尽管退税会增加部分支出，但是可以通过所得税等拿回部分收入，税收收入未必减少。因境外游客扩大消费解决的就业等问题，更是收入不能衡量的价值。因此，各地的政府应积极落实退税政策。

征收管理

连政育民

22. 税收征管改革　影响值得关注

在 2015 年接近尾声之际，中共中央办公厅、国务院办公厅印发了《深化国税、地税征管体制改革方案》(以下简称"方案")。根据"方案"，纳税人将享受更好的纳税服务，两头跑、成本高等问题，有望得到缓解。但是税务局的职责是依法治税，"方案"的规定中，也有诸多应引起纳税人关注的问题。

本文结合对"方案"的解读，分析以下几个问题：
一、"方案"主要内容
二、国税地税不会合并
三、纳税失信后果严重
四、征管环节后移与遵从风险
五、分类管理与风险爆发
六、重点税源企业五年轮查
七、跨国避税空间逐渐被压缩

一、"方案"主要内容

"方案"包括三大部分：总体要求、主要任务、组织实施

总体要求包括：指导思想、改革目标、基本原则。

主要任务是"方案"的重点内容，包括六项：理顺征管职责划分、创新纳税服务机制、转变征收管理方式、深度参与国际合作、优化税务组织体系、构建税收共治格局。

上述内容，几乎都与纳税人有直接和间接的关系。本文主要分析与纳税人有直接关系、最值得关注的部分。

二、国税地税不会合并

随着营改增的不断推进，许多纳税人都关注地税局是不是将被国税局合并，"方案"第二部分"主要任务"的第一项内容是"理顺征管职责划分"，明确"合理划分国税、地税征管职责"，"明确地税部门对收费基金等的征管职责"。"方案"的上述规定，正式宣告国税局和地税局不会合并，不但不合并，地税局的职责还将扩大，收费、基金等将纳入其征管范围。

国税局和地税局不合并的原因，可以从以下两个角度分析：

（一）国税和地税分设的基础继续存在

税务局分成国家税务局和地方税务局，是在1993年酝酿，1994年正式实施的。国税和地税分设的前提是分税制。1993年在实施大规模税制改革的同时，实行了分税制的财政体制改革，有关税种的税收收入，分别归属中央、地方或中央地方共享。既然是收入分别归属中央和地方，就需要分别设立各自的征收机构，因此，税局分设成国家税务局和地方税务局。

分税制的前提，可以说是政府的架构体系。我国的政府架构分为中央政府和地方政府，地方政府又分为省级政府、市级政府、县级政府、乡级政府。一级政府一级财政，一级财政一级收入。

政府的架构体系不会调整，分税制的财政体制也不会改革，因此，国税地税合并的基础不存在，继续分设也在情理之中。

（二）地税局的责任此消彼长

尽管随着营改增的推进，地税局负责的营业税纳税人逐渐减少，甚至逐步消失，但是随着个人所得税、房产税、环境税等税种改革的推进，随着收费、基金等并入地税局征管，地税局的征管职责是此消彼长，单独设立地方税局，仍是必要的。

三、纳税失信后果严重

根据"方案"，税局将逐步建立促进诚信纳税机制。对税收违法行为，实行"黑名单"制度，对进入"黑名单"的当事人，严格税收管理，与相关部门依法联合实施以下惩罚措施：

1. 禁止高消费；
2. 限制融资授信；
3. 禁止参加政府采购；
4. 限制取得政府供应土地和政府性资金支持；
5. 阻止出境等。

今后，纳税人出现税收失信行为，如果被列入"黑名单"，可能面临寸步难行的境地。尤其是房地产企业，如果被限制取得政府土地，那就无米下锅了。

相反，税局对纳税信用好的纳税人，开通办税绿色通道，在资料报送、发票领用、出口退税等方面提供更多便利，减少税务检查频次或给予一定时期内的免检待遇，开展银税互动助力企业发展。

四、征管环节后移与遵从风险

在管理环节上，"方案"规定，将切实加强事中、事后管理，大幅度取消和下放税务行政审批项目，实现税收管理由主要依靠事前审批向加强事中、事后管理转变。推行纳税人自主申报，完善包括备案管理、发票管理、申报管理等在内的事中、事后管理体系，出台相应管理办法，确保把该管的事项管住、管好，防范税收流失。

税务局以往的事前审批管理，尽管纳税人比较麻烦，但因为有税局把关，有税局的批文，以后被补税罚款的风险相对较小。实行备案管理后，涉税事项的处理是否符合税法规定，将主要由纳税人自己把握，涉税风险相对加大。因此，纳税人在享受税局征管环节后移带来的便利的同时，更应重视潜在的税务风险。

五、分类管理与风险爆发

及时发现纳税人的税务风险，有效查处逃避税行为，是税局依法治税的内容之一。

"方案"规定，将对纳税人实施分类分级管理，对企业纳税人按规模和行业，对自然人纳税人按收入和资产实行分类管理。2016年，以税务总局和省级税务局为主，集中开展行业风险分析和大企业、高收入高净值纳税人风险分析，运用第三方涉税信息对纳税申报情况进行比对，区分不同风险等级，分别采取风险提示、约谈评估、税务稽查等方式进行差别化应对，有效防范和查处逃避税行为。

提升大企业税收管理层级，对跨区域、跨国经营的大企业，在纳税申报等涉税基础事项实行属地管理、不改变税款入库级次的前提下，将其税收风险分析事项提升至税务总局、省级税务局集中进行，将分析结果推送相关税务机关做好应对。

构建以高收入者为重点的自然人税收管理体系。税务总局、省级税务局集中开展对高收入纳税人的税收风险分析，将分析结果推送相关税务机关做好应对，不断提高自然人税收征管水平。

税局的分类管理措施，实际是将征管资源集中放在风险大的纳税人身上。税收风险分析，类似于对纳税人进行全方位CT扫描，纳税人的潜在风险，被发现的可能性大大提高。

六、重点税源企业五年轮查

建立健全随机抽查制度和案源管理制度,合理确定抽查比例,对重点税源企业每五年轮查一遍。2016年普遍推行,先开展案头风险分析评估,查找高风险纳税人,再开展定向稽查的模式,增强稽查的精准性、震慑力。

所以,无论何地的重点税源企业,尤其是多年没有稽查的企业,应做好迎接稽查的心理准备。今后,税局再来稽查时,一般是有备而来,发现问题的可能性将大大增加。

七、跨国避税空间逐渐被压缩

"方案"的"深度参与国际合作"部分规定,为严厉打击国际逃避税,将采取以下措施:

1. 全面深入参与应对税基侵蚀和利润转移(BEPS)行动计划,构建反避税国际协作体系。

2. 建立健全跨境交易信息共享机制和跨境税源风险监管机制。完善全国联动联查机制,加大反避税调查力度。

3. 2017年建立健全跨国企业税收监控机制,分行业、分国别、分地区、分年度监控跨国企业利润水平变动情况,防范国际逃避税,维护国家税收权益。

反避税的联合行动,将进一步压缩国际避税的空间,跨国公司被反避税调查的风险进一步加大。

23. 大企业自查：防范风险于未然

2015年，作为税务风险全流程控制的一项重要措施，税务总局大企业司又布置几户大企业进行税务风险自查，作者所在的中税网税务师事务所，也在帮助有的企业开展自查。在给纳税人服务的过程中，在帮助纳税人从事税务风险管理的过程中，深刻体会到，税务自查对纳税人防控税务风险具有重大意义，防控税务风险对纳税人而言的紧迫性、重要性和复杂性。

对纳税人而言，税务局布置的自查，尽管会让纳税人花费一定的人力、财力，甚至补缴一些税款，但是自查对发现税务风险，提升税务管理水平、财务管理水平，甚至经营管理水平都是难得的好机会，因此，一定要正确认识自查，认真对待自查。

一、税务风险防控的紧迫性、重要性和复杂性

税务自查是防控税务风险的一个重要措施,纳税人,尤其是大企业,应该充分认识税务风险防控的紧迫性、重要性和复杂性。

防控税务风险对纳税人是非常迫切的一件事,因为税务局依法征税的意识和手段已经远远超过许多纳税人依法纳税的意识。有些纳税人的观念仍停留在以往的认识水平,以为税款少缴点无所谓,即使查出来,找找人就摆平了,其依法纳税意识的提高速度,远远落后于现实需要。依法治税一直是税务工作的指导思想,经过不懈努力,税务局依法征税的观念和手段,都有很大改进,纳税人潜在税务风险爆发的可能性大大提高了。爆发税务风险后,也不再是像以往通过简单沟通就可以解决问题,就可以少缴税款。情况已经变化,传统的思维观念已经落后于时代的发展,传统的行为方式已经越来越行不通。

防控税务风险也是非常重要的一件事。纳税人经常面对的执法部门就是税务局;最有可能爆发的经营风险,就是税务风险;造成损失最大的风险,也是税务风险,有可能是"三重损失",即不但造成经济损失,还影响社会形象,情节严重、性质恶劣的,还会被追究刑事责任,失去人身自由。

税务风险的成因非常复杂,既有纳税人自身生产经营复杂的原因,更有税法体系复杂、频繁变动的原因,还有税局征管方式方法的原因。税务风险的复杂性,体现在三个方面:一是税法复杂多变,纳税人防不胜防;二是可控性差,是否检查、发现问题如何处理,主动权不在纳税人,而在税务局;三是后果严重,有可能是"三重损失"。

充分认识税务风险防控的"三性",有助于正确认识自查对纳税人的积极意义。

二、自查有助于及时发现潜在的税务风险

税务风险产生和爆发的特点是：在日常工作中不知不觉积累，在税务稽查时猝不及防爆发。由于税法体系复杂，变化多端，即使合规意识比较强的纳税人，也难免少缴税款。税务局内部是征管部门和稽查部门两套系统，纳税人经常面对的是税务征管部门，即使少缴税款，征管部门也不易发现，自己也不清楚，以为已经纳税申报就没有问题了。殊不知，某些方面应缴未缴的税款，经过日积月累，问题已经很严重，等到税局稽查局检查时，潜在的风险突然爆发，才恍然大悟，但是为时已晚。税务风险爆发，导致巨额经济损失，企业的社会形象也受到贬损，个别情况甚至被追究刑事责任。集团型的大企业，由于下属企业数量众多，分布广泛，办税人员水平参差不齐，合规意识高低有别，潜在的风险更大。下属企业不时爆发各类风险，集团层面的税务人员，不得不到处"救火"。曾有大型央企的税务处长，认识全国200多个税务局长，多是在"救火"一线不打不相识的。这不能说是经验，而是沉痛的教训。

因此，为有效防控税务风险，在税务稽查引爆税务风险之前、在风险积累到更大的程度之前，自己先进行一次自查，及时发现问题、及时改正问题，可以有效规避发生更大的风险、造成更大的损失。对纳税人而言，与其救火，不如防火；如要防火，先找火源。着火之前，事先检查隐患，及时补缴税款，及时纠正错误，是防火的有效措施。

三、自查有助于及时澄清有关政策困惑

纳税人的风险许多是由于没有及时掌握税法、准确理解税法造成的；与基层主管税局的分歧，多是由于对税法的理解不同造成的。这些困扰纳税人的问题，时间越久，问题越严重，潜在的风险越大。通过自查，对各自面临的问题进行一次全面的摸查，找出存在的问题，尤其是政策不清楚的问题、税企分歧的问题，把这些问题反映给作

为最高税务执法部门的税务总局,有助于解决目前面临的问题。即使不能全部解决,也有助于部分解决;即使最终确定纳税人应该缴税,也有助于合规处理有关事项,减少以后的涉税风险。

四、自查有助于提升管理层对税务工作的重视程度

税务工作在许多企业里,长期不受重视,税务人员级别低、人数少,这既有纳税人自身人事的原因,也有执法部门不够重视的原因。随着执法部门力度的加大,征管水平的提高,潜在税务风险的不断爆发,越来越多的企业开始重视税务问题。税务局布置的自查,对提高企业管理层对税收工作的重视,对集团公司推动下属企业重视税务工作,都是一次很好的机会。有的企业就是因为税务自查,才第一次召开全集团系统的税务工作会议,税务工作才能排上集团领导的工作日程,税务人员也才有机会就税务问题直接向集团领导汇报工作。

五、防控两类税务风险

税务风险分为两类:少缴税、晚缴税的风险;多缴税、早缴税的风险。纳税人在自查的过程中,既要按照税务局的要求,注意查找少缴税、晚缴税的情况,也要注意查找有没有多缴税、早缴税的情况。多缴税款一般表现为应享受未享受优惠政策,应抵扣未抵扣增值税进项税,在并购重组过程中没有进行必要的税收筹划等。

六、构建事先防控的税务风险防控制度

税务自查是一种事后的检查,有助于及时发现已经存在的税务风险,是一种事后的补救措施。为有效防控税务风险,重点应放在事前,将风险消灭在产生之前。纳税人产生纳税义务是"果",导致这个"果"的,是之前发生的各种经济行为。业务决定税务,因此,应在各类经营行为发生之前,就知道有关的涉税义务,在每月纳税申报的过程中,应及时做出涉税处理,把该缴的税缴上。

及时了解自己应享受的优惠政策,制定科学的重大决策机制,在并购重组、重大合同等重大事项决策过程中,征求税务部门的意见,进行必要的税收筹划。在组织架构的设计、业务流程的规划等方面,认真考虑税收因素,将税收成本降到最低。

实现上述目标,应基于自己所属行业的特点、本企业的特点,建设科学完整的税务风险防控制度。通过制度的运行、制度的约束,有效地防控税务风险、检查税务风险、处理税务风险,使税务工作为企业创造价值、规避风险,为企业的发展保驾护航,成为企业发展的垫脚石,而不是绊脚石。

24. 大企业税务风险：着火、灭火、防火

有些大企业集团层面的税务主管，最多、最难、最重的工作，就是全国各地"救火"，协调下属企业与主管税局的分歧，尤其是处理税局稽查过程中发现的问题。许多大企业的税务管理工作是相当不错的，既规避了税务风险，又创造了税务价值。但有些大企业的税务工作，可以归结为：工作不得不干，岗位可有可无，人员可专可兼，地位处于边缘。有些大企业对待税务风险，可以归结为：眼中日常不见风险，不知不觉产生风险，猝不及防爆发风险，手忙脚乱应对风险，损失惨重怨恨风险，事情过后依旧风险。

本文结合实际工作，详细分析大企业税务风险的着火、灭火和防火。

一、为什么大企业容易发生税务风险之火

大企业发生税务风险之火,有内因,也有外因,关键是内因。

内因主要是轻视税务工作,忽视税务风险,导致隐患不断增加。轻视税务工作,主要表现在以下几个方面:

一是缺乏对税务工作的全面认识。认为税务工作就是简单地报报税、买买发票,没有意识到可能产生的税务风险,当然也不会采取相应的预防措施。

二是缺乏专职的涉税岗位和涉税人员。许多大企业的税务工作,都是由财务人员兼任,把报税作为财务工作的一个环节,没有专职的税务岗位和税务人员。

三是缺乏健全可行的税务管理制度和流程。要控制税务风险,需要一套科学完整的税务管理制度和流程,但是许多企业税务制度几乎是空白;即使有制度,制度也不科学,难以实施;即使实施,也无法控制风险。

四是缺乏科学的领导和管理。许多大企业在集团层面对下属企业的税务工作也有一定的领导和管理职能,但是力度不够,缺乏系统、整体、全面的管理,难以防止出现系统性、全局性的风险。

大企业税务风险爆发的外因,主要是以下几个:

一是大企业的下属企业,一般是当地纳税大户,社会关注度高,税局一旦遇到完不成任务的压力,往往首先想到大企业。

二是大企业的遵从程度相对较高,一旦税局拿出过硬的税法依据,大企业一般会相对痛快地接受税局意见并缴纳税款。

二、大企业如何灭税务风险之火

税务风险的灭火,不能简单地理解为通过与税局的沟通和协调,少交税款。需要注意以下几点:

一是正确定位灭火的目标。目标定位不应是少缴税,而是依法

处理与税局的分歧，依法维权，依法纳税，不再复发。

二是依据事实和税法。根据事实和税法规定，判定自己的纳税义务，分析与税局的分歧，如果税局的意见有法律依据，应认可税局的意见并主动办理纳税手续。

三是纳税不在多少，而在是否合规。纳税人缴纳的税款再多，也是应尽的义务，也应遵守国家的税法，依法纳税，不能以为缴得不少了，就心安理得少缴税款。纳税不在多少，而在是否合规，该缴的，应一分不少，再多也不多。

四是摆正与税局的关系，注意方式方法。税局是执法机关，税局稽查是代表国家执行税法，在与税局沟通的过程中，应体现对国家税法和执法机关的尊重。

五是依法争取较少的损失。如争取较低的罚款倍数，争取不被媒体曝光，争取不被移送公安机关等。

三、灭火不如防火

灭火不如防火，大企业控制税务风险的重点，不是着火之后的灭火，而是将火源控制在发生之前，通过防火控制税务风险。有效地防火，需要注意以下几点：

一是充分认识税务风险后果的严重性、控制任务的艰巨性。只有充分认识这个问题的重要和复杂程度，才会真正重视税务风险。

二是设置专职的税务机构和税务人员。税收问题非常复杂，没有专职的机构和人员，很难做好税务工作。

三是制定科学、合理的税务风险控制制度。通过科学合理的制度，保证办税人员有必要的权力及时了解公司应该做税务处理的事项，将少缴税的风险控制在纳税申报之前，将多缴税的风险控制在重大决策过程之中。

四是通过必要的信息化手段，及时掌握、了解涉税信息，发现潜在的税务风险,指导税务工作。

五是聘请专业的税务中介。税法变动的趋势是越来越复杂,税务服务日益成为一项专业的服务工作,聘请高水平的中介机构,是必要的税务风险防控措施。

25. 税收减免管理：方式、权责、风险

——国家税务总局 2015 年第 43 号公告解读

对纳税人而言，依法纳税很重要，依法享受减免税优惠也很重要，这是合法降低税收负担的最有效方式。国家税务总局基于税收征管的新变化和新要求，修订下发了《关于发布〈税收减免管理办法〉的公告》（国家税务总局公告 2015 年第 43 号，以下简称 43 号公告），自 2015 年 8 月 1 日起实施。本文结合对 43 号公告的解读，从纳税人的角度，分析以下问题：

一、税收减免的特点

二、税收减免的方式

三、减免税的两种管理方式——核准和备案

四、纳税人和税务局的权利和义务

五、纳税人的风险和注意事项

一、税收减免的特点

关于税收减免,有以下几个特点,值得读者重视:

(一)不可缺性——几乎每个税种都有

税收减免是每个税种制度设计的必要组成部分,任何一个税种在规定纳税人纳税义务的同时,也规定了什么情况下可以减免税。所以,纳税人在产生某种税的纳税义务时,应研究这个税种是否有减免税的规定,自己能否享受。

(二)非普遍性——仅针对个别情况

税收减免都是针对个别纳税人,或纳税人的个别情况,不是所有纳税人都可以享受。都可以适用的政策,不是税收减免,是一般性的规定。因此,税收优惠很可能与你无缘。

(三)方式多样——从不同的角度减免

应纳税额是计税依据和税率的乘积,减免税至少可以从计税依据和税率两个角度入手。此外,还可以直接减免税额。一个税种,可能有多种优惠,税收优惠政策,要用全、用足。

(四)标准要求——都有一定的资格条件

既然是针对个别情况,减免税都有一定的标准,纳税人需要具备一定的资格和条件。纳税人要关注自己是否具备条件,尤其是享受优惠后是否不再具备有关资格,以免遭受补税罚款的损失。

(五)手续要求——需要办理必要的手续

税务局第一位的职责是收税,保证国家财政收入。纳税人少缴或免缴税都是有条件的,符合条件的还应该到税局办理必要的手续,证明自己具备享受减免税的条件。纳税人应及时到税局办理有关手续,以免影响享受优惠的时间。

(六)时间要求——通常都有一定的执行时间

许多优惠都有一定的执行时间,到期后,如果没有延续的政策出台，就要依法纳税。纳税人应注意优惠结束后，及时纳税，不要因为享受几年减免税的优惠，就形成习惯，导致不必要的损失。

二、税收减免的方式

根据43号公告，所谓税收减免，是指国家对特定纳税人或征税对象，给予减轻或者免除税收负担的一种税收优惠措施，包括税基式减免、税率式减免和税额式减免三类。不包括出口退税和财政部门办理的减免税。

税收减免，实际就是减少应纳税额。任何一个税种的应纳税额，都是计税依据与税率的乘积。因此，税收减免就有三种方式：减少计税依据、降低税率、减少税额。

（一）税基式减免

税基式减免，是指通过减少计税依据的方式，减轻纳税人的应纳税额。

计税依据也称税基，就是计税的基数。企业所得税的计税依据是所得额，增值税的计税依据是增值额。以企业所得税为例，由于其计税依据是应纳税所得额，应纳税所得额是收入减去扣除项目的结果。因此，无论是减少收入，还是增加扣除的规定，都属于税基式减免。如股息收入免税，是从收入的角度减少税基，研发费用加计扣除，是从扣除的角度减少税基。

（二）税率式减免

税率式减免，就是直接降低适用税率。比如企业所得税法定税率是25%，像小微企业20%的税率、高新技术企业15%的税率，都属于税率式减免税。

（三）税额式减免

税额式减免，就是直接减少税额。如企业所得税关于节能节水设备投资的10%可以直接抵免税额的规定、软件产品增值税超税负返还的规定等。

（四）出口退税不是税收减免

出口退税是指对出口的货物、劳务、营改增服务，实行免税或零税率的政策。这是增值税在消费地纳税原则的正常制度设计，是国际惯例，也是WTO规则允许的，不是税收优惠。

（五）小规模纳税人的征收率不是税收减免

增值税小规模纳税人实行简易征收，征收率是3%，这算不算税收减免？

简易征收是与一般计税对应的一种增值税征收方式，不是税收优惠。如果在简易征收的基础上再降低，就是优惠了。比如，对销售自己使用过的固定资产和旧货，是减按2%计税，就是优惠了。

（六）财政部门办理的减免税

所谓财政部门，一般是指财政部派驻各省市的财政监察专员办事处，简称财监办，主要负责检查政府机关（包括税务局）、国有企业、事业单位是否违反财经纪律。对此，在国有企业尤其央企工作的读者或许并不陌生。

财政部门主要办理增值税先征后返的手续。增值税的优惠主要是即征即退和先征后返、先征后退。即征即退，一般由税务部门操作，如软件产品的即征即退；先征后返或先征后退，一般由财监办操作，如对宣传文化单位等的先征后返等。

即征即退，影响税务局的收入任务；先征后返，不影响税务局的任务。在制定增值税优惠政策时，到底是即征即退还是先征后返、先征后退，有一定的偶然性，尤其是先征后返和先征后退，实际是一回事。

43号公告不包括财政部门办理的减免税，不是说有关政策不是减免税政策，而是财政部门不属于税务局系列，财政部门可不执行

43号公告。

三、减免税的两种管理方式——核准和备案

减免税分为核准类减免税和备案类减免税。

（一）核准类减免税的定义

核准类减免税是指法律、法规规定应由税务机关核准的减免税项目。

也就是说，需要经过税务局同意减免税，才能减免税。

（二）备案类减免税的定义

备案类减免税是指不需要税务机关核准的减免税项目，但需要办理备案手续。

也就是说，不需要经过税务局同意减免税，就可以减免税。

（三）核准与备案的区别

核准类减免税，通俗地理解，就是税务局说你行，你才行，才能减免税，但是一旦核准，一般没有以后被补税的风险。

备案类减免税，通俗地理解，就是你自己觉得行，就先行，先减免，税局发现不行时，再补税罚款。备案类减免税潜在的风险较大。

（四）没有及时办手续的补救措施

无论是核准类还是备案类，都需要纳税人到税局办理有关手续。纳税人依法可以享受减免税待遇，但是未享受而多缴税款的，纳税人可以在税收征管法规定的期限内申请减免税，要求退还多缴的税款。

四、纳税人和税务局的权利和义务

无论是核准类减免税还是备案类减免税，纳税人和税务局都有各自的权利和义务。

（一）纳税人的权利和义务

1. 申请减免税的权利

在政策规定的减免税期限内，向税局提出书面申请，并报送有

关资料。

备案类减免税，一次报备，一直享受。税务机关对纳税人提交的备案类减免税材料进行收集、录入，纳税人在符合减免税资质条件期间，备案材料一次性报备，在政策存续期可一直享受。

2.纳税人的义务

（1）资料的真实性、合法性

纳税人对报送资料的真实性、合法性承担责任，如果材料虚假，承担被税局依法处理的责任。

（2）纳税申报的义务

无论办理减免税手续前还是手续后，纳税人所享受的减免税，都应当进行申报。

（3）变化报告的义务

纳税人享受减免税的情形发生变化时，应当及时向税务机关报告，税务机关对纳税人的减免税资质进行重新审核。

（二）税务局的义务和权利

1.税务局的义务

（1）受理的义务

纳税人提交的减免税材料齐全、符合法定形式的，或者纳税人按照税务机关的要求提交全部补正减免税材料的，应当受理纳税人的申请。税务机关受理或者不予受理减免税申请，应当出具加盖本机关专用印章和注明日期的书面凭证。

备案类减免税的材料，允许纳税人在申报时或申报后提交。

（2）告知的义务

纳税人办理手续的减免税项目，如果依法不需要由税务机关核准，或者减免税材料存在错误、不齐全、不符合法定形式的，应当场一次性书面告知纳税人。

依法不予减免税的或不予受理的，应当说明理由，并告知纳税人享有依法申请行政复议以及提起行政诉讼的权利。

（3）核准的义务

核准类减免税，纳税人减免税申请符合法定条件、标准的，税务机关应当在规定的期限内做出准予减免税的书面决定。

2. 税务局的权利

减免税的审核是对纳税人提供材料与减免税法定条件的相关性进行审核，不改变纳税人真实申报责任。

也就是说，如果纳税人提交虚假材料骗取税局同意，税局不承担责任。

五、纳税人的风险和注意事项

对纳税人而言，享受减免税是好事，但也有很大风险。好事很容易变成坏事，导致不但不能减轻税负，还可能造成不应有的损失。

税务局的主要职责是收税，因此，对减免税的管理，监督严格。根据43号公告，纳税人实际经营情况不符合减免税规定条件的，或者采用欺骗手段获取减免税的，享受减免税条件发生变化未及时向税务机关报告的，以及未按照规定履行相关程序自行减免税的，税务机关依照税收征管法有关规定予以处理。

作为纳税人，在申请、享受减免税时，应注意以下事项：

（一）**不得擅自享受减免**

不得未经税务机关批准，自行享受减免税。

（二）**符合条件、材料真实**

纳税人应该在符合减免税资格条件的情况下，去办理核准或备案手续，不能用隐瞒情况或者提供虚假材料等手段骗取减免税。虚假材料包括专业技术部门出具的材料。

（三）条件变化，重新审视

纳税人享受减免税的条件发生变化时，应根据变化情况，判断自己是否可以继续享受减免税，是否需要重办手续。如果不能继续享受，应立即停止。

（四）优惠力度，不得加大

办结有关手续、享受优惠时，不能为了加大享受优惠的力度，编造虚假计税依据骗取减免税。

（五）减免税款，依法使用

减免税款有规定用途的，应按照规定用途使用。

（六）减免有期，到期停止

减免税有期限的，到期主动停止享受税收减免。

（七）减免税款，按时申报

已享受减免税，应按时申报。

（八）证明资料，留存备查

证明自己符合减免税条件的材料，需要留存备查。因为在税务机关后续管理中，如果不能提供相关印证材料，将不得继续享受税收减免，追缴已享受的减免税款，并依照税收征管法的有关规定处理。

26. 企业所得税优惠备案出台新规　享受便利莫忘防控风险

　　2015 年，国家税务总局发布了《企业所得税优惠政策事项办理办法》（国家税务总局公告 2015 年第 76 号，以下简称《办法》），就企业享受所得税优惠政策的管理方式进行了调整，取消审批，对全部优惠事项一律实行事后备案管理。《办法》中还进一步明确了备案的具体操作事宜。本文将从以下几个方面对企业享受所得税优惠政策的相关事宜进行解读：

一、政策背景

二、企业享受所得税优惠的管理方式变迁

三、适用范围

四、备案的具体操作事宜

五、企业承担的责任

六、税务机关的管理措施

七、企业没能及时备案怎么办

八、新备案管理方式对企业的影响

附件1　只需填写《备案表》的项目

附件2　填写《备案表》外还需附报其他资料的项目

附件3　以"申报代替备案"的项目

附件4　示例

一、政策背景

国家持续深入推进简政放权、放管结合,加快转变政府职能,2013年以来国务院已经分多批次大幅取消和下放了各类行政审批事项。到2015年更是彻底清理了"非行政许可审批"事项,这些事项或被取消,或根据实际需要按程序转为行政许可审批事项,或调整为政府内部管理事项,或调整为其他权力事项,共涉及453项非行政许可审批。今后将不再有"非行政许可审批"这一审批类别。

根据国务院的工作部署,国家税务总局对涉税的行政许可审批和非行政许可审批进行了处理。2013年以来,国家税务总局已取消69项、下放2项行政审批事项,其中取消的非行政许可审批事项为57项;尚有23项非行政许可审批事项调整为其他权力事项。已取消的非行政许可审批事项中,包括20多项涉及企业所得税优惠政策审批的事项。

二、企业享受所得税优惠的管理方式变迁

2008年之前,减免税项目分为报批类和备案类两种,其中备案为事前备案。实际上,对企业享受所得税减免税优惠的管理全部属于行政审批方式。

2008年新企业所得税法实施后,国家税务总局将备案管理进一步细分为事先备案和事后报送相关资料两种方式,明确了实施审批管理的所得税优惠项目。

2014年2月,国家税务总局公布了20多项企业所得税优惠政策非行政许可审批事项,在清单之外的其他企业所得税优惠事项不再审批。

2015年,根据国务院工作部署,按照转变政府职能、明确税企责权、减轻企业负担的原则,国家税务总局对企业所得税优惠事项全部取消审批,一律实行备案管理方式。

三、适用范围
（一）优惠项目范围
《办法》中所称税收优惠，是指企业所得税法规定的优惠事项，以及税法授权国务院和民族自治地方制定的优惠事项。包括免税收入、减计收入、加计扣除、加速折旧、所得减免、抵扣应纳税所得额、减低税率、税额抵免、民族自治地方分享部分减免等，共55项优惠事项。具体项目可参见76号公告的附件《企业所得税优惠事项备案管理目录》（以下简称《目录》），该目录由税务总局根据需要适时更新。

（二）适用期间范围
适用于2015年及以后年度企业所得税优惠政策事项办理。

四、备案的具体操作事宜
（一）为备案，企业应准备哪些材料？
企业应准备备案资料与留存备查资料。

1. 企业报送备案资料
企业向税务机关报送《企业所得税优惠事项备案表》（以下简称《备案表》），并按规定提交有关资料。

备案资料包括《备案表》和有关资料两类，《目录》列示了企业报送《备案表》和有关资料的具体要求。当前《目录》中列示的55项优惠事项中，有24项需要报送《备案表》以及享受优惠政策的相关资质、证书、文件等，28项只需填写一张《备案表》，还有3项优惠则以"申报代替备案"，企业通过填写纳税申报表相关栏次履行备案手续，不再另行填写《备案表》。具体项目详见本文附件。

2. 企业留存备查资料
企业应按照《目录》中对各优惠事项的具体要求，留存相应的资料备查。留存备查资料，是指与企业享受优惠事项有关的合同（协议）、证书、文件、会计账册等资料。示例可参见本文附件。

省、自治区、直辖市和计划单列市国家税务局、地方税务局（以下简称省税务机关）对《目录》列示的部分优惠事项，可以根据本地区的实际情况，联合补充规定其他留存备查资料。

（二）备案的时间及频率

企业应当不迟于年度汇算清缴纳税申报时备案。

企业享受定期减免税，在享受优惠起始年度备案。在减免税起止时间内，企业享受优惠政策条件无变化的，不再履行备案手续；条件发生变化的，应变更备案。企业享受其他优惠事项，应当每年履行备案手续。

（三）备案的方式

企业真实完整填报《备案表》，对需要附送相关纸质资料的，一并按要求报送。税务机关对纸质资料进行形式审核后，原件退还企业，复印件税务机关留存。

企业可以到税务机关备案，也可以采取网络方式备案。按规定需要附送相关纸质资料的企业，应当到税务机关备案。备案实施的具体方式，由省税务机关确定。

企业同时享受多项税收优惠，或者某项税收优惠需要分不同项目核算的，应当分别备案。主要包括：研发费用加计扣除、所得减免项目，以及购置用于环境保护、节能节水、安全生产等专用设备投资抵免税额等优惠事项。

（四）备查资料的留存管理

企业应当按照规定留存备查资料，按照税务机关要求的限期提供留存备查资料，以证明自己符合税收优惠政策条件。

企业留存备查资料的保存期限为享受优惠事项后10年。税法规定与会计处理存在差异的优惠事项，保存期限为该优惠事项有效期结束后10年。

（五）跨地区经营汇总企业如何备案

跨地区（省、自治区、直辖市和计划单列市）经营汇总纳税企业（以下简称汇总纳税企业）的优惠事项，除以下由二级分支机构向其主管税务机关备案的事项外，其他优惠事项由总机构统一备案。

二级分支机构备案事项：分支机构享受所得减免、研发费用加计扣除、安置残疾人员、促进就业、部分区域性税收优惠（西部大开发、经济特区、上海浦东新区、深圳前海、广东横琴、福建平潭），以及购置环境保护、节能节水、安全生产等专用设备投资抵免税额优惠。

总机构应当汇总所属二级分支机构已备案优惠事项，填写《汇总纳税企业分支机构已备案优惠事项清单》，随同企业所得税年度纳税申报表一并报送其主管税务机关。

同一省、自治区、直辖市和计划单列市内跨地区经营的汇总纳税企业优惠事项的备案管理，由省税务机关确定。

五、企业承担的责任

企业对报送的备案资料、留存备查资料的真实性、合法性承担法律责任。

企业不能提供留存备查资料，或者留存备查资料与实际生产经营情况、财务核算、相关技术领域、产业、目录、资格证书等不符，不能证明企业符合税收优惠政策条件的，税务机关追缴企业已享受的减免税款，并按照税收征管法规定处理。

六、税务机关的管理措施

税务机关受理备案时，仅进行形式审核，审核《备案表》是否符合规定形式、内容填写是否完整、附送资料是否齐全。对于到税务机关备案的，税务机关应当场告知受理意见；对于网络方式备案的，税务机关收到电子备案信息起2个工作日内告知受理意见。

税务机关发现企业预缴申报享受某项税收优惠存在疑点的，将进行风险提示，必要时，可以要求企业提前履行备案手续或者进行核查。

税务机关还将采取税收风险管理、稽查、纳税评估等后续管理方式，对企业享受税收优惠情况进行核查。税务机关后续管理中，发现企业已享受的税收优惠不符合税法规定条件的，将责令企业停止享受优惠，追缴税款及滞纳金。属于弄虚作假的，按照税收征管法有关规定处理。

七、企业没能及时备案怎么办？

企业已经享受税收优惠但未按照规定备案的，企业发现后，应当及时补办备案手续，同时提交《目录》列示优惠事项对应的留存备查资料；税务机关发现后，将责令企业限期备案，并提交《目录》列示优惠事项对应的留存备查资料。

八、新备案管理方式对企业的影响

税务机关对企业提交的备案资料仅进行形式上的审核，企业可以更加便捷地享受有关所得税优惠政策。但是同时，这也意味着企业判断自己是否能够适用税收优惠政策的自主责任增大了，一旦判断错误，企业将面临被追缴税款、缴纳滞纳金甚至罚款的风险。企业面临的税务风险与不确定性有所增加，需注意防控。

附件1

只需填写《备案表》的项目

国债利息收入免征企业所得税	受灾地区农村信用社免征企业所得税
取得的地方政府债券利息收入免征企业所得税	受灾地区的促进就业企业限额减征企业所得税
符合条件的居民企业之间的股息、红利等权益性投资收益免征企业所得税	新疆困难地区新办企业定期减免企业所得税
内地居民企业连续持有H股满12个月取得的股息红利所得免征企业所得税	新疆喀什、霍尔果斯特殊经济开发区新办企业定期免征企业所得税
中国清洁发展机制基金取得的收入免征企业所得税	支持和促进重点群体创业就业企业限额减征企业所得税
投资者从证券投资基金分配中取得的收入暂不征收企业所得税	扶持自主就业退役士兵创业就业企业限额减征企业所得税
受灾地区企业取得的救灾和灾后恢复重建款项等收入免征企业所得税	新办集成电路设计企业定期减免企业所得税
中国期货保证金监控中心有限责任公司取得的银行存款利息等收入暂免收企业所得税	符合条件的集成电路封装、测试企业定期减免企业所得税
中国保险保障基金有限责任公司取得的保险保障基金等收入免征企业所得税	符合条件的集成电路关键专用材料生产企业、集成电路专用设备生产企业定期减免企业所得税
金融、保险等机构取得的涉农贷款利息收入、保费收入在计算应纳税所得额时减计收入	设在西部地区的鼓励类产业企业减按15%的税率征收企业所得税
取得企业债券利息收入减半征收企业所得税	符合条件的生产和装配伤残人员专门用品企业免征企业所得税
安置残疾人员及国家鼓励安置的其他就业人员所支付的工资加计扣除	广东横琴、福建平潭、深圳前海等地区的鼓励类产业企业减按15%税率征收企业所得税
从事符合条件的环境保护、节能节水项目的所得定期减免企业所得税	购置用于环境保护、节能节水、安全生产等专用设备的投资额按一定比例实行税额抵免
受灾地区损失严重企业免征企业所得税	享受过渡期税收优惠定期减免企业所得税

附件 2

填写《备案表》外还需附报其他资料的项目

符合条件的非营利组织的收入免征企业所得税	经济特区和上海浦东新区新设立的高新技术企业在区内取得的所得定期减免企业所得税
综合利用资源生产产品取得的收入在计算应纳税所得额时减计收入	经营性文化事业单位转制为企业的免征企业所得税
开发新技术、新产品、新工艺发生的研究开发费用加计扣除	动漫企业自主开发、生产动漫产品定期减免企业所得税
从事农、林、牧、渔业项目的所得减免征收企业所得税	技术先进型服务企业减按15%的税率征收企业所得税
从事国家重点扶持的公共基础设施项目投资经营的所得定期减免企业所得税	集成电路线宽小于0.8微米（含）的集成电路生产企业定期减免企业所得税
符合条件的技术转让所得减免征收企业所得税	线宽小于0.25微米的集成电路生产企业减按15%税率征收企业所得税
实施清洁发展机制项目的所得定期减免企业所得税	投资额超过80亿元的集成电路生产企业减按15%税率征收企业所得税
符合条件的节能服务公司实施合同能源管理项目的所得定期减免企业所得税	线宽小于0.25微米的集成电路生产企业定期减免企业所得税
创业投资企业按投资额的一定比例抵扣应纳税所得额	投资额超过80亿元的集成电路生产企业定期减免企业所得税
有限合伙制创业投资企业法人合伙人按投资额的一定比例抵扣应纳税所得额	符合条件的软件企业定期减免企业所得税
国家需要重点扶持的高新技术企业减按15%的税率征收企业所得税	国家规划布局内重点软件企业可减按10%的税率征收企业所得税
民族自治地方的自治机关对本民族自治地方的企业应缴纳的企业所得税中属于地方分享的部分减征或免征	国家规划布局内集成电路设计企业可减按10%的税率征收企业所得税

附件3

以"申报代替备案"的项目

- 符合条件的小型微利企业减免企业所得税
- 固定资产或购入软件等可以加速折旧或摊销
- 固定资产加速折旧或一次性扣除

附件4

示例

序号	优惠事项名称	政策概述	主要政策依据	备案资料	预缴期是否享受优惠	主要留存备查资料
25	国家需要重点扶持的高新技术企业减按15%的税率征收企业所得税	国家需要重点扶持的高新技术企业,减按15%的税率征收企业所得税。国家需要重点扶持的高新技术企业,是指拥有核心自主知识产权,产品(服务)属于国家重点支持的高新技术领域规定的范围、研究开发费用占销售收入的比例不低于规定比例、高新技术产品(服务)收入占企业总收入的比例不低于规定比例、科技人员占企业职工总数的比例不低于规定比例,以及高新技术企业认定管理办法规定的其他条件的企业。	1.《中华人民共和国企业所得税法》第二十八条; 2.《中华人民共和国企业所得税法实施条例》第九十三条; 3.《科技部 财政部 国家税务总局关于印发〈高新技术企业认定管理办法〉的通知》(国科发火〔2008〕172号); 4.《科学技术部 财政部 国家税务总局关于印发〈高新技术企业认定管理工作指引〉的通知》(国科发火〔2008〕362号); 5.《国家税务总局关于实施高新技术企业所得税优惠有关问题的通知》(国税函〔2009〕203号); 6.《科技部 财政部 国家税务总局关于在中关村国家自主创新示范区开展高新技术企业认定中文化产业支撑技术等领域范围试点的通知》(国科发高〔2013〕595号)。	1.企业所得税优惠事项备案表; 2.高新技术企业资格证书。	预缴期享受年度备案	1.高新技术企业资格证书; 2.高新技术企业认定资料; 3.年度研发费专账管理资料; 4.年度高新技术产品(服务)及对应收入资料; 5.年度高新技术企业研究开发费用及占销售收入比例,以及研发费用辅助账; 6.研发人员花名册; 7.省税务机关规定的其他资料。

27. 发票系统升级　红票开具简单

——国家税务总局2014年第73号公告解读

增值税专用发票红字发票的开具，对纳税人意义重大，销售方减少销项税额，购买方减少进项税额，直接影响购销双方的应纳税额。但是什么情况下开具红字发票，如何开具红字发票，比较复杂。《国家税务总局关于推行增值税专用发票系统升级版有关问题的公告》（国家税务总局公告2014年第73号，以下简称73号公告），在规定发票系统升级的同时，也简化了开具红字发票的程序，这对广大增值税纳税人是一个利好。本文结合73号公告的规定，分析系统升级后，包括专用发票和普通发票在内的增值税红字发票的开具问题。本文包括以下内容：

一、何时开具红字发票

二、如何开具红字发票

三、其他情况

附件1　开具红字增值税专用发票信息表

附件2　开具红字货物运输业增值税专用发票信息表

一、何时开具红字发票

发票是商事凭据，一般用蓝字开具。如果经济活动已经发生，也开具发票了，但是经济活动又被撤销了，相当于没有发生，又不能将已开具发票作废，就需要开红字发票。所以，红字发票的作用，就是证明已经发生的经济活动又回到起点的过程。

（一）开具红字发票的几种情况

根据73号公告，一般纳税人开具增值税专用发票或货物运输业增值税专用发票（以下统称专用发票）后，如果出现下面的情况，但是又不符合作废条件，可以开具红字发票：

1. 发生销货退回；
2. 开票有误；
3. 应税服务中止；
4. 发票的抵扣联、发票联均无法认证。

另外两种可以开具红字发票的情况是：

1. 销货部分退回；
2. 发生销售折让。

（二）已开具发票作废的条件

根据上述规定，已开具发票，能作废的先作废，如果不符合作废条件、不能作废，就开具红字发票。根据《国家税务总局关于修订〈增值税专用发票使用规定〉的通知》（国税发［2006］156号）第20条的规定，同时具有下列情形的，为符合作废条件：

1. 收到退回的发票联、抵扣联时间未超过销售方开票当月。
2. 销售方未抄税并且未记账。抄税，是指报税前用IC卡或者IC卡和软盘抄取开票数据电文。
3. 购买方未认证或者认证结果为"纳税人识别号认证不符"、"专用发票代码、号码认证不符"。

增值税发票系统升级后,由于开票信息实时上传,估计满足作废条件的情况比较少了,开具红字发票的情况相对多了。

二、如何开具红字发票

(一)开具红字发票的程序

红字发票的开具,按照如下程序进行:

1. 购买方或销售方在增值税发票系统升级版中,填开并上传《开具红字增值税专用发票信息表》或《开具红字货物运输业增值税专用发票信息表》(以下简称《信息表》)。如果发票已经交给购买方,由购买方填写;未交购买方,由销售方填写。

2. 主管税务机关通过网络接收纳税人上传的《信息表》,系统自动校验通过后,生成带有"红字发票信息表编号"的《信息表》,并将信息同步传至纳税人端系统中。

3. 销售方凭税务机关系统校验通过的《信息表》开具红字专用发票,在增值税发票系统升级版中以销项负数开具。红字专用发票应与《信息表》一一对应。

纳税人也可凭《信息表》电子信息或纸质资料到税务机关对《信息表》内容进行系统校验。

(二)购买方填写《信息表》

蓝字专用发票应经税务机关认证,根据不同的认证结果,采用不同的方法。

1. 认证结果相符

认证结果相符,又分是否已经抵扣进项税。

(1)"认证相符"并且已经抵扣增值税进项税额

不用填写对应的蓝字专用发票信息,按《信息表》所列增值税税额从当期进项税额中转出。

(2)"认证相符"但未抵扣增值税进项税额

可列入当期进项税额,待取得销售方开具的红字专用发票后,与《信息表》一并作为记账凭证。

2.认证没通过

如果认证结果为"无法认证"、"纳税人识别号认证不符"、"专用发票代码、号码认证不符",以及所购货物或服务不属于增值税扣税项目范围的,购买方不列入进项税额,不作进项税额转出,填开《信息表》时应填写相对应的蓝字专用发票信息。

(三)销售方填写《信息表》

专用发票尚未交付购买方或者购买方拒收的,销售方应于专用发票认证期限内,在增值税发票系统升级版中填开并上传《信息表》。

信息表中,需要销售方填写的内容,应如实填写。

三、其他情况

其他情况包括以下两种:

(一)小规模纳税人开红票

税务机关为小规模纳税人代开专用发票需要开具红字专用发票的,按照一般纳税人开具红字专用发票的方法处理。

(二)开红字普通发票

纳税人需要开具红字增值税普通发票的,可以在所对应的蓝字发票金额范围内开具多份红字发票。红字机动车销售统一发票需与原蓝字机动车销售统一发票一一对应。

附件1

开具红字增值税专用发票信息表

填开日期：　　　年　月　日

销售方	名称		购买方	名称		
	纳税人识别号			纳税人识别号		

开具红字专用发票内容	货物（劳务服务）名称	数量	单价	金额	税率	税额
	合计					

说明	一、购买方□ 　　对应蓝字专用发票抵扣增值税销项税额情况： 　　　　1.已抵扣□ 　　　　2.未抵扣□ 　　　　　　（1）无法认证□ 　　　　　　（2）纳税人识别号认证不符□ 　　　　　　（3）增值税专用发票代码、号码认证不符□ 　　　　　　（4）所购货物或劳务、服务不属于增值税扣税项目范围□ 　　对应蓝字专用发票的代码：　　　　　号码： 二、销售方□ 　　　　1.购买方拒收发票□ 　　　　2.发票尚未交付□ 　　对应蓝字专用发票的代码：　　　　　号码：

红字发票信息表编号	

附件2

开具红字货物运输业增值税专用发票信息表

承运人	名称			实际受票方	名称		
	纳税人识别号				纳税人识别号		
收货人	名称			发货人	名称		
	纳税人识别号				纳税人识别号		
开具红字货运专用发票内容	费用项目及金额			运输货物信息			
	合计金额	税率	税额	机器编号	车种车号		车船吨位
说明	一、实际受票方□ 　　对应蓝字专用发票抵扣增值税销项税额情况： 　　　1.已抵扣□ 　　　2.未抵扣□ 　　　　（1）无法认证□ 　　　　（2）纳税人识别号认证不符□ 　　　　（3）货运专票代码、号码认证不符□ 　　　　（4）所购服务不属于增值税扣税项目范围□ 　　对应蓝字货运专票的代码：　　　　　号码： 二、承运人□ 　　　1.受票方拒收发票□ 　　　2.发票尚未交付□ 　　对应蓝字货运专票的代码：　　　　　号码：							
红字发票信息表编号								

展望

28. 营改增：问题、方案、影响、对策及展望

　　自 2012 年 1 月 1 日，上海首先开始营改增试点以后，营改增一直是社会关注的热点。本文试图多角度分析营改增的有关问题，以使读者对营改增有个全方位的认识，尤其是对营改增影响和对策的认识，以便营改增之后，能最大限度地趋利避害，充分利用营改增带来的机会，规避营改增潜在的风险。本文包括以下内容：

一、营改增的基本问题

二、营改增的方案设计

三、营改增的影响和对策

四、营改增的展望

展望

一、营改增的基本问题

营改增作为一项影响巨大的税制改革措施,有几个基本问题需要首先介绍一下,包括营改增的背景、必要性、可行性、难点等。

(一)营改增——为什么产生这一问题?

为什么有营改增这一改革任务?这是1993年增值税改革不彻底的产物,也可以说是遗留问题。

1993年,我国实行了大规模的税制改革,内容之一是实行增值税。但是基于当时的征管条件、经济形势等因素,增值税改革并不彻底,征税范围仅限于货物和加工、修理修配两项劳务,购进固定资产的进项税不允许抵扣。增值税改革在取得很大进步的同时,也留下了两个需要进一步改革的任务:一是转型,二是扩围。

转型,就是由生产型增值税转变为消费型增值税。根据购进固定资产的进项税能否抵扣,如何扣除,增值税分为生产型、收入型和消费型。不允许抵扣,增值税的计税依据就是国内生产总值,称为生产型增值税;允许抵扣购进固定资产的进项税,增值税就只对消费品征税,称为消费型增值税;居于两者之间的,按照固定资产折旧比例抵扣进项税的,计税依据就是国民收入,称为收入型增值税。增值税转型改革已经在2009年完成,2009年实施的修订后的增值税条例,在不允许抵扣的进项税中,已经不再包括购进的固定资产,目前的增值税属于消费型增值税。

扩围,就是将增值税的征税范围扩大到所有服务,结束货物和服务分别征收增值税和营业税的局面。这一改革自2012年首先从上海的部分行业开始试点,随后不断扩大试点的行业范围和地区范围。目前还有金融保险业、建筑业、销售不动产和部分服务业,尚未完成营改增。

(二)营改增——为什么必须改?

必须结束增值税和营业税并存的局面吗?直到今天,还有观点认为应维持对部分行业征收营业税。为什么必须将营改增进行到底？营改增不是为改革而改革，而是有其内在的深刻理论和现实的必要性。

1. 公平竞争的需要

市场经济要求公平竞争，税制公平是保证公平竞争的必要条件。货物和劳务分别征收增值税和营业税，两个税种的征税对象不同、计税依据不同、税率不同，导致税负不同，影响不同纳税人之间的公平竞争。

2. 结构优化的需要

经济的持续发展依赖产业结构的不断优化，不断升级。产业结构优化升级的表现之一，是服务业在经济结构中的比重不断增加；相反，逐步增加服务业的比重，尤其是高端服务业的比重，也有助于促进经济的发展。将服务业由征收营业税改为征收增值税，也是产业结构调整、经济持续发展的需要。

3. 税制科学的需要

税不重征，税负公平是税制设计的基本原则，但是营业税和增值税并存，不但导致营业税纳税人和增值税纳税人税负不公平，也导致重复征税。增值税纳税人购进营业税劳务支出，营业税纳税人购进增值税货物支出，都不能抵扣，都导致重复征税，而重复征税的程度不同，又进一步加剧税负的不公平。从完善税制的角度，也应该实行营改增。

（三）营改增——为什么能改？

营改增为什么能改呢？因为服务也有与货物一样的征税对象——增值额，在专业技术上，没有问题。税种与税种之间的本质区别，在于征税对象的不同；设计一个税种，最复杂的是确定征税对象。无论是销售货物，还是提供服务，都可以计算本环节新创造的价值，都有增值额，服务有与货物一样的征税对象，这是营改增可行性的重要理论基础。

（四）营改增——难在什么地方？

尽管设计营改增方案十分困难，但更难的可能是利益关系的调整。营改增至少涉及三方面利益关系的调整：

一是中央财政和地方财政利益关系的调整。增值税属于中央和地方共享税，纳税人每缴纳 100 元的增值税，75 元计到中央财政的账上，25 元计到地方财政的账上，而营业税基本上属于地方财政收入。

二是国税和地税利益关系的调整。由于增值税征管的复杂性、投入的巨大性，服务业改征增值税后，不可能继续由地税局征管，只能由国税局征管。如果说有部门利益的话，税务部门的部门利益在于管辖范围的大小，压缩地税局的征管范围，相当于影响了地税的部门利益，因此反对营改增的声音，有的就来自于地税部门。

三是不同行业间利益关系的调整。营改增尽管从整体上算账，是减税措施，但是在收入预算一定的情况下，如何将收入总额分配到各个行业，涉及不同行业间的利益调整。适用什么样的税率，采用什么样的征收方式，原营业税的优惠如何过渡到增值税，都涉及利益关系的调整。

二、营改增的方案设计

任何一个行业的营改增，都主要包括三个问题：计税方式、税率选择、过渡措施。

（一）计税方式

增值税有两种计税方式：一般计税方式、简易征收方式。一般计税方式的应纳税额，是销项税减去进项税。简易征收方式的应纳税额，是不含税收入直接乘征收率。

目前已经实施营改增的行业，没有全行业按照简易征收的做法，还是遵循一般纳税人采用一般计税方式，小规模纳税人采用简易征收方式。

如果大部分支出能取得相应的增值税专用发票，就有实行一般计税方式的基础；如果无法取得专用发票，如保险业的理赔支出，银行业的个人存款利息支出，要采用一般计税方式，就需要找到能替代专用发票功能的票据。或者采用扣税的方式，比照购进农产品的方式，虚拟计算进项税；或者采用扣额的方式，扣减应该计算销项税的销售额。

（二）税率选择

由于营改增，增值税在原13%和17%税率的基础上，又多了两档税率：6%和11%，这两档税率，在上海首先实施营改增时就已经有了。由于增值税不方便有太多的税率，后来实施营改增的行业，适用税率不是6%就是11%，没有再出现新的税率。唯一例外的，是电信业按照增值电信和基础电信，分别适用6%和11%的税率。

营改增到底适用6%还是11%的税率，关键在进项税的多少。进项税比较多的行业，如交通运输业等，就适用11%的税率；进项税相对少的行业，如一般的服务业等，就适用6%的税率。

（三）过渡措施

为了税制改革的顺利进行，一般须采取一些过渡措施，包括两个方面：

一是实施营改增后，之前的营业税优惠政策如何过渡到增值税。从目前已经实施营改增的行业看，基本是将营业税优惠政策平移到增值税。但由于增值税免税的特殊效果，营业税的免税直接改成增值税免税，可能适得其反，所以纳税人应认真考虑是选择放弃免税，还是实行免税。

二是税负增加太多怎么办？为了平稳过渡，部分行业实行了超税负返还的政策。当然，是否返还，返还多少，主要由地方政府定。因为营改增的增值税收入，全部属于地方财政。

尚未实施营改增的行业，关键也是上述三个大的问题。当然，具体到某些行业，会有行业性的技术问题，比如金融业利息支出、保险业理赔支出、房地产业土地出让金支出等的抵扣问题。

三、营改增的影响和对策

营改增的影响，分别从纳税人、税务局、经济发展三个方面分析。

（一）对纳税人的十项影响

营改增不仅仅影响参加试点的原营业税纳税人，也影响原增值税纳税人。对试点纳税人而言，营改增绝不仅仅是简单地由缴纳营业税改成缴纳增值税，而是从不同的角度全方位地影响纳税人，这些影响既有积极的，也有消极的。积极性的影响，应对不当，可以变成消极影响；消极影响，应对得当，可以变成积极影响。作为纳税人，面对营改增时，应努力做到趋利避害，充分享受营改增带来的减税效应和其他便利条件。

1. 收入可能减少

在缴纳营业税时，由于营业税是价内税，收入中包括营业税；在缴纳增值税后，由于增值税是价外税，价格中不含增值税。在含税价一定的情况下，营改增之后，收入将下降。

假定营改增之前收入是 106 万元，给购买方开具 106 万元的服务业发票，收入就是 106 万元。但是营改增之后，如果适用的增值税税率是 6%，给购买方开具价税合计 106 万元的增值税专用发票，106 万元的收入将变成 100 万元的收入、6 万元的增值税销项税。

2. 成本有望下降

影响成本的表现主要是减少成本。成本的减少有两个因素：

一是因为不再缴纳营业税,减少了营业税金及附加。

二是因为可以抵扣购进支出的进项税,减少了营改增之前因不能抵扣而计入成本的购进支出进项税。

3. 利润增减变化

营改增既影响收入,也影响成本,进而影响税后利润。税后利润到底是增加还是减少,取决于收入和成本各自的下降程度。

4. 遵从风险加大

由于增值税的风险远远大于营业税的风险,纳税人将面临更加复杂严峻的税务风险防控压力。这些压力来自增值税应纳税额计算的风险、增值税专用发票的风险、增值税违规的风险等诸多方面。

5. 定价方式需调整

缴纳营业税时,无论购买方是营业税纳税人,还是增值税一般纳税人、小规模纳税人,定价可以没有特别的要求。但是改成增值税之后,应该根据对方是否是增值税一般纳税人、进项税是否可以抵扣,采用不同的定价策略。比如营改增之前定价是100万元,如果对方是不能抵扣进项税的非增值税一般纳税人,则可以继续定价100万元;如果对方是可以抵扣进项税的增值税一般纳税人,则营改增之后,可以争取收106万元。购买方尽管多支付6万元,因其可以抵扣进项税,实际成本还是100万元。如果价税合计收取100万元,再开具6%的发票,相当于给购买方打了94折。

6. 合同条款应修订

营改增之前,在订立经济合同时,可以没有价格是否含税的条款。但是营改增后,应明确价格是否含税,如果不含税,应继续明确购买方支付6%或11%的增值税,同时明确开具多少税率的增值税专用发票。

7. 内部管理待加强

实行增值税后,企业的内部管理,包括发票管理、纳税申报管理、合同管理、重大决策管理等，都需要做相应调整，尤其是企业的信息化系统，需要结合有关制度的调整进行相应改造。对大企业而言，这是一个困难的过程。

8. 业务模式改革障碍消除

业务决定税务，税务反作用于业务。营改增之后，一些行业的业务模式需要相应调整。比如建筑业，是否还要采用外购混凝土的模式；房地产业，是否还要继续采用项目公司的模式，等等。在营改增之后，是否有比以往业务模式更经济的模式，这些都值得考虑。

9. 组织架构优化障碍消除

营业税的一个特点是重复征税，业务倒手一次，就可能被重复征税一次。因此，在营业税时，采用全能型的组织架构，可以降低营业税负担。在实行增值税后，由于征税扣税的机制，消除了业务环节增加导致的税负增加，为纳税人调整组织架构，将全能型组织架构中的内设部门分拆成单独的分公司或子公司，消除了税收障碍。

10. 业务流程再造障碍消除

营改增导致的重复征税消除，为纳税人将业务分包转包提供了便利条件，比如信息服务企业，可以将业务分包转包给他人，并不增加税负。

许多纳税人关注税负的变化，而税负的变化，最终由收入、成本和税后利润的变化体现出来。此外，增值税税负也是一个似是而非的概念。因此，本文不再分析税负的变化。

（二）纳税人的四项对策

用一句话概括应对营改增的目的，就是趋利避害。应结合营改增的节奏，合理安排自己的支出节奏；结合营改增的影响，适当调整业务模式、组织架构和业务流程等有关方面。

如何趋利避害？本文不做具体分析，仅建议做到以下几点：

1. 领导重视

应对营改增,绝不应仅仅是财务部门的责任,因为营改增影响一个单位的诸多方面,需要内部诸多部门配合和支持。只有作为一把手工程,由单位一把手亲自挂帅,才能真正从税务、财务、业务、架构、流程等与生产经营有关的诸多方面,做出相应的调整。领导重视是有效应对营改增最关键的因素之一。

2. 结合管理

应将应对营改增与提高内部管理水平、风险防控水平有效结合起来。通过应对营改增,完善内部控制制度、风险防控制度、重大决策制度,既有效应对营改增的冲击,抓住营改增的机会,也有效提高内部管理水平、税务管理水平。

3. 借助外力

应对营改增是一个非常复杂的过程,尽管企业内部的财税人员专业水平也很高,在一定程度上知道如何应对营改增,但毕竟在营改增之前,接触增值税的业务相对较少,对营改增,对增值税,难以有全面深刻的认识。税法复杂多变,对税法的理解和应用,差之毫厘,谬以千里,一个地方不注意,就可能埋下隐患;隐患一旦爆发,损失难以估量。因此,聘请专业的中介机构,是应对营改增的必要选择。

4. 行业反映

上述应对措施可以说是作为个体,被动地应对营改增。作为一个行业,应认真研究本行业共性的问题,向主管部门积极反映本行业在营改增中的问题,应如何处理,如房地产业的土地出让金问题、保险业的理赔支出问题、银行业的利息支出问题等。在方案出台之前,向决策部门反映行业呼声,是更加积极的应对营改增之策,也是最佳时机,既有利于维护行业的正当利益,也有利于促进营改增方案的科学合理。

（三）对税务局的影响

对国家税务局而言，营改增意味着需要管理的纳税人急剧增加，而且是规模很大的需要立刻纳入一般纳税人管理的纳税人。这些纳税人对增值税一般很不熟悉，容易出现各种不合规的情况。主管税务局无论是在基础管理，纳税申报，系统建设方面，还是在纳税服务等方面，都将面临巨大的征管和服务压力。

对地方税务局而言，随着营改增的推进，作为第一大税源的营业税将变成增值税，完成收入任务的压力陡然加大。通过稽查补税，加大对其他税种的征管以缓解任务压力，将成为不得已的选择。

（四）对经济发展的影响

营改增消除了重复征税，尤其是对服务业的重复征税，对促进服务业的大发展，对促进产业结构的调整，乃至促进整个经济的持续增长，都将起到不可低估的作用。尽管目前经济发展遇到了暂时的困难，但是营改增作为减税措施，将有助于促进经济的复苏。

四、营改增的展望

营改增是2008年企业所得税"两法"合并之后，最大、最复杂的一项税制改革措施。无论是纳税人还是税务局，都广泛关注此事。尚未实施营改增的金融保险业、建筑业、销售不动产、生活性服务业等，何时营改增，如何营改增，成为大家关心的问题。本文从专业的角度进行分析，仅供参考。

（一）实施时间

尽管之前曾有在"十二五"期间完成营改增的正式说法，但是官方的有些公开表态，早已变成了"适时"推进营改增。营改增作为重大的税制改革，在改革氛围十分强烈的背景下，不能按时出台改革方案，或许与经济下行导致收入压力有关，毕竟对税收而言，保证收入是第一位的任务，改革需要服从收入需要。

未在"十二五"期间完成，那么在2016年出台改革方案，在2016年实施，有多大的可能性？如果2016年经济下行压力减轻，财政收入压力缓解，在2016年出台方案并实施的可能性，不能说没有。

（二）方案内容

对尚未进行营改增的纳税人而言，改革时间适当推迟未必是坏事。可以有更加充分的时间，准备即将到来的营改增。

从营改增的进程看，后来纳入营改增的行业，其改革方案与最初实施营改增的方案大体类似。目前最新的营改增文件财税［2013］106号与最初的财税［2011］111号文件，内容基本一致。尚未实施营改增的行业，税率不是6%就是11%，适用17%的可能性不大；计征方式应该是一般计税方式与简易征收并行，一般纳税人用一般计税方式，小规模纳税人用简易征收方式。

至于不同行业的具体问题，如支付给银行贷款的利息支出，取得的增值税发票能否抵扣进项税，保险公司的理赔支出、房地产企业土地出让金支出能否计算进项税扣除或自收入中扣减，在最终方案出台之前，都难有定论。作为纳税人，应该根据不同的可能情况，分别准备各自的预案。

（三）到位后的工作

营改增全部到位后，还有两项任务：简并税率、完成立法。

目前的营改增方案，增值税税率有四档：6%、11%、13%、17%，这是不符合增值税内在要求的，只能作为营改增过程中的权宜之计。增值税是一个中性税种，不应对纳税人的选择造成扭曲，多档税率难免扭曲纳税人的行为。另外，税率过多，差距过大，可能导致部分纳税人低征高扣，应纳税额长期是负数。因此，营改增全部到位后,适当简并税率将成为一个迫切的问题。

增值税作为影响国家和纳税人之间利益分配关系的主体税种,应提升立法级次,上升到法律层面,由全国人大立法。因此,营改增全部到位后,增值税立法的问题就可能提上日程。

简并税率和完成立法,可以同时进行,但由于立法的程序比较复杂,也可以先通过修订增值税条例的方式,简并税率,然后再进入立法程序。但是,不宜在税制完善之前,直接进入立法程序,因为一旦立法,将很难再修订法律。因此,在税制设计成熟之后,再上升到法律层面,相对稳妥。

29.《特别纳税调整实施办法》(修订稿)
——标准更严格　规定更具体

　　国家税务总局公开向社会征求对修订后的《特别纳税调整实施办法》的意见,通观修订后的实施办法,总的感觉是:标准更严格,规定更具体。如果修订后的办法正式实施,很可能有更高比例的跨国企业被反避税调查,更多的企业被要求提供内容更丰富的同期资料。相关企业应对照征求意见稿,尽早判断自己的经营情况,尤其是关联交易情况,如果被税局调查,是否可以避免被调整的可能性,并及时做好配合调查的准备,以避免潜在的税务风险。

展望

一、如何理解修订的背景

对《特别纳税调整实施办法》(国税发〔2009〕2号,以下简称2号文)进行修订,是顺理成章的事。

一是因为目前的2号文件,已经执行将近6年,税务机关积累了大量的案例,掌握了许多新的情况,需要补充到2号文中去。

二是自2008年经济危机以后,各国的财政收入都面临极大压力,各国都把反避税作为增加财政收入的一项措施;中国也不例外,不断完善各类与非居民有关的法规,堵塞政策漏洞,仅仅在2015就出台了四份与非居民有关的法规。

三是国际合作反避税的过程,实际也是各国争夺税收管辖权、争夺税源的过程。作为维护中国税收权益的2号文件,存在内容不完整、规定不明确的地方,亟待修订完善。

二、主要变化

与目前执行的2号文相比,征求意见稿的变化,体现在以下三个方面:

(一)篇幅大幅扩充

目前正在执行的《特别纳税调整实施办法》,篇幅是13章118条,而征求意见稿则是16章168条。条款数增加50条,几乎增加了一半。

(二)适用的非居民范围

内容的增加,原因之一是有关标准更加严格了。仅举以下三个方面的例子说明:

1. 关联关系标准更加严格

如对关联关系认定的标准,在根据持股比例认定关联关系的条款中,新增"两个以上具有姻亲、直系血亲、三代以内旁系血亲等关系的个人共同持股同一企业,持股比例合并计算"的规定。同时进一步明确实际控制的标准,即:"指一方对另一方的经营决策、交易条件或者定价方式等方面有决定权。"

2. 增加关联交易的类型

关联交易的类型增加了金融资产转让和股权转让，还增加一兜底条款——其他交易类型。金融资产包括应收账款、应收票据、贷款、其他应收款、股权投资、债权投资和衍生金融工具形成的资产，以及其他金融资产的转让。

3. 划分同期资料的类型

征求意见稿将同期资料分为：主体文档、本地文档和特殊事项文档。主体文档内容：组织架构、业务描述、无形资产、融资安排、财务及税务状况。本地文档包括：企业概况、关联关系、关联交易，新增关联交易数据、价值链分析、对外投资、关联股权转让、关联劳务。如果有存在关联劳务交易、执行成本分摊协议、违反资本弱化相关规定等情形之一的，则需准备同期资料特殊事项文档。

（三）规定更具体

规定更具体，解决了执行中的确定性问题。如通过借贷资金判定关联关系时，明确了如何计算借贷资金总额占实收资本比例，如何计算年度加权平均借贷资金和年度加权平均实收资本。

借贷资金总额占实收资本比例＝年度加权平均借贷资金／年度加权平均实收资本，其中：

年度加权平均借贷资金＝i 笔借入或者贷出资金账面金额 ×i 笔借入或者贷出资金年度实际占用天数／365

年度加权平均实收资本＝i 笔实收资本账面金额 ×i 笔实收资本年度实际占用天数／365

三、纳税人该做什么

面对可能很快就颁布实施的《特别纳税调整实施办法》，纳税人该做什么？建议做以下几点：

展　望

　　一是认真学习。尽管还是一份征求意见稿,但是最后发布的稿子,与征求意见稿不会有太大差异。按照机关工作的程序,在向社会公开征求意见之前,一般在内部已经讨论过很多次、比较成熟了。

　　二是对照检查。根据征求意见稿,尤其是新增加内容,对照自己的实际经营活动,尤其是关联交易,判定自己如果被税局调查,是否经得起调查,是否可以避免被补税的风险;是否应该准备同期资料,准备哪类同期资料。通过对照检查,发现潜在的风险。

　　三是早做准备。无论是转让定价调查,还是提交同期资料,都非常麻烦。纳税人应根据对照检查中发现的问题,及时收集准备有关资料,以从容不迫地面对可能发生的特别纳税调整、需要提交的同期资料。

30. 开征房产税：理论、现实、影响

　　房产税列入立法计划，离最终制定并颁布有关税法，又近了一步。当然，列入立法计划，并不意味着会按期颁布。许多议题一再被列入立法计划，从最初列入计划到最终颁布，往往要经过很长时间，如目前还在改革的增值税，也曾被列入立法计划。房产税因被列入人大立法计划，社会关注度进一步提高，有人担心成本增加，有人盼着房价下跌。本文试图简要分析开征房产税的理论基础、现实条件和潜在影响。

一、开征房产税的理论基础

有人认为土地所有权属于国家,土地使用权最长 70 年,开征房产税似乎缺乏理论依据。房产税以财产为征收对象,属于财产税。开征房产税的理论依据,可从以下几个角度分析:

(一)从征税和缴税的原因分析

之所以出现税收,是因为出现了公共权力,公共权力是维持一个社会发展所必需的。每个社会成员让出包括经济利益在内的部分私权,形成公共权力;公共权力为全体社会成员提供公共服务。

政府征税是为了维持公共权力的运转,公民纳税实际是购买公共服务。纳税多少与享受的公共服务有一定联系。公共服务的内容之一是提供安全保障,仅从享受安全保障服务而言,财产价值大的,自公共服务中获益更多,因此缴纳更多的税收,在理论上是讲得通的。

(二)从税制设计的原理分析

征税是政府参与收入分配的一种手段,是政府收入的主要来源。经济是基础,税收来自社会成员各类经济活动创造的收入。与收入有关的过程,可以分为收入创造、收入分配、收入保有,每个阶段,政府都可以参与分配。在收入的创造阶段,不管是否有利润,征收流转税,如增值税、营业税等;在收入的分配阶段,如果有利润,税法称为所得,征收所得税;在收入的保有阶段,形成了各类财产,征收财产税。

(三)从征收的可行性分析

对多数纳税人而言,价值最大的财产是房产,最容易被税局掌握的,也是房产。尽管房产价值不断变化,如何确定房产税的计税依据有一定难度,但这并不是不可克服的障碍。有公开市场价格的,按照公开市场价格确定;没有公开市场价格的,可以评估确定。开征房产税,在技术上是可行的。

二、开征房产税的现实条件

房产税并不是一个新的税种,早在20世纪50年代,就有房产税的法规,目前对企业也在征收房产税,但是对个人非营业用房暂时免征房产税。

房产税属于财产税,但是很长一段时期,城市居民的房产,都不是个人财产,而是单位分配的,产权属于单位,因此,不具备对个人征收房产税的条件。随着住房制度改革的不断推进,住房基本实现了商品化,房屋的产权逐渐转到个人手中,这为开征财产税性质的房产税提供了必要的前提条件。

三、开征房产税的潜在影响

因为利益攸关,许多人关注房产税。有的人,是担心开征房产税增加自己的负担;有的人,是盼着房价下跌,希望开征房产税能迫使持有房产的人出售房产,进而能压低房价。不过,开征房产税的影响,可能没有想象的那样大。

(一)房产税对持有房屋者的影响

如果开征房产税,对房屋拥有者,难免增加一部分负担。但如果对自住的住房免征房产税,仅对用于出租的住房征收房产税,则增加的成本,有望通过提高房租的方式转嫁一部分。

(二)房产税对房价的影响

开征房产税对房价,尤其是二手房价格的影响,在于是否会迫使房屋持有者出售住房,导致房价下跌。这种可能性不大,原因有以下三个:

一是价格主要取决于供求状况。中国的城镇化进程远没有结束,城市的住房需求,远远没有到饱和的程度,尽管在部分城市出现了供过于求的状况,但是整体来看,供不应求可能是一个长期的状况,尤其是北上广等一线城市。即使部分人可能因房产税出售住房,但因此而增加的供给,到底能否成为促使房价下跌的原因,也值得怀疑。基于对整体供求状况的判断,因征收房产税导致房价下跌的可能性不大。

二是从税收的价格影响来看。征税不是减少收入,就是增加成本。开征房产税,对住房拥有者而言,如果对租金征收,则减少收入;如果对房产原值征收,则增加持有成本。无论是收入的减少,还是成本的增加,都可能导致租金的上涨或房价的上涨。期望通过征税降价,有点像抱薪救火。

三是从征收房产税的目的看,开征房产税首先不是调控房价的一个措施,而是保证财政收入的一个措施。随着土地的减少,土地财政难以长期为继,而随着居民房产的普及,开征房产税将成为财政收入的一个稳定来源。

当然,价格变动的原因非常复杂,就像股价,既有看多,也有看空。至于开征房产税对房价的影响到底是上涨还是下跌,不好判断,但是可以判定的是,影响不会太大,尤其是很难下跌。

31. 放开二胎的税收、经济、社会影响分析

十八届五中全会决定放开二胎，这是计划生育政策的重大调整，这一政策直接影响人口数量。社会是由人构成的，人在本质上是社会的人。人既是产生问题的根源，也是解决问题的钥匙。从20世纪70年代开始，我国实施严厉的计划生育政策，并上升到基本国策的地位，主要是想解决人口过多导致的吃饭问题和就业问题。政策执行多年后，吃饭已经不是问题，需要就业的人口也从包袱变成了资源，就业难已变成了招工难。劳动力供给不足的问题，已经是制约经济发展的因素；未富先老，已经成为严重的社会问题。因此，调整计划生育政策，放开二胎也就顺理成章了。放开二胎，将对包括税收在内的经济、社会产生广泛的影响。本文从对税收的影响分析入手，也简要分析对经济和社会的影响。

展　望

一、对个人所得税改革的影响

放开二胎，不经意间加大了个人所得税改革的迫切性，进一步提高工资薪金所得的费用扣除标准更加迫切，推进以家庭为单位综合申报也更加迫切。

个人所得税计算工资薪金所得，内籍人士每月扣除 3500 元，外籍人士每月可以加计扣除 1300 元，实际扣除 4800 元。内籍人士的扣除标准多次提高，外籍人士的扣除标准一直就是 4800 元。

计算工资薪金所得时扣除的 3500 元，可以说是生计扣除，其目的在于维持劳动力的再生产。劳动力再生产既包括自身劳动力的恢复，提高劳动能力的教育培训，也包括养育家庭、繁衍后代等支出，生计费用扣除的标准，应以满足上述支出要求为原则。如果不能维持劳动力的再生产，将难以保持经济的再生产，尤其是扩大再生产，甚至危及简单再生产。随着物价水平和生活成本的增加，劳动力再生产的成本也不断增加，这是工资薪金所得费用扣除标准不断提高的重要原因。

放开二胎，意味着可以多养一个孩子，目前养育孩子的成本很高，必然大幅度增加劳动力再生产的成本。国家不但要赋予劳动者多养一个孩子的权利，还应增强劳动者多养一个孩子的能力。适当提高工资薪金所得的费用扣除标准，减轻个人所得税负担，在个人所得税还不能实行以家庭为单位综合征收的情况下，不失为一个有效而简单的方式。

当然，提高生计扣除标准，必然也适用于没有生育二胎的劳动者。为解决其他人搭便车的问题，可以通过改革个人所得税制，实行家庭申报的方式，根据养育孩子和老人的数量，计算可以扣除的费用标准。家庭是社会的细胞，凡是有家庭的劳动者，以家庭为单位申报，计算家庭收入、家庭成本和家庭所得，更有助于体现所得税对所得征税的本来意义。

总之,放开二胎最大的税收影响,就是对个人所得税改革的影响。

二、对经济发展的影响

对经济发展的影响,可以从投入和消费,从推动和拉动两个角度分析。

经济发展需要供给推动,资本、土地和劳动三要素的投入,成为增加供给、经济发展的推动力。改革开放后,我国丰富的劳动力资源,成为吸引外资的有利因素,原来的包袱变成了资源,劳动密集型产业也成为经济起飞的起点,成为产业升级的基础。但随着经济的发展,劳动力短缺的问题,招工难的问题,已经成为一些地方,尤其是沿海地区经济发展的制约因素。放开二胎,有助于满足未来经济发展对劳动力的需求。

经济发展需要需求拉动,拉动经济发展的三驾马车分别是投资、消费和出口,但是消费者的消费是拉动经济发展的最终动力。投资的需求,最终也依赖消费的需求,脱离了人的消费需求的投资,是没有意义的,也是难以持久的。放开二胎后,直接就产生大量社会需求,孕妇用品、婴幼儿用品等的需求,立刻就会给消费这驾马车加油挂挡。

放开二胎,对目前和未来的经济发展,无疑都是利好。

三、对社会的影响

放开二胎,首先就是个社会问题,对社会的影响很复杂,但可以概括为社会问题增多,家庭矛盾加剧。

与每个孩子成长相伴随的都有教育、医疗等诸多社会问题。放开二胎,对家庭的影响更大,家庭关系将变得复杂,一个孩子时,老人养老、遗产继承等问题,都不存在子女间的矛盾;两个孩子后,养老和遗产都将成为问题,家庭矛盾有可能变得更加突出。

展 望

　　当然，经济发展能为解决社会问题奠定更坚实的基础；通过解决社会问题，也会反过来成为拉动经济发展的动力。比如一些地区新兴的养老地产等，形成经济与社会的良性互动，在不断产生问题和解决问题的过程中，推动整个经济社会的持续进步。